文化遗产里的中国故事

人居澳门

五星照耀下的莲花

单霁翔 著

U1014907

中国大百科全书出版社

图书在版编目（CIP）数据

人居澳门：五星照耀下的莲花 / 单雾翔著．--
北京：中国大百科全书出版社，2024.11．--（文化遗产里
的中国故事）．-- ISBN 978-7-5202-1598-5

Ⅰ．K296.59-49

中国国家版本馆 CIP 数据核字第 2024F775F8 号

出 版 人：刘祚臣
策 划 人：蒋丽君
责任编辑：杜晓冉
责任校对：余　会
责任印制：李宝丰
出版发行：中国大百科全书出版社
地　　址：北京阜成门北大街 17 号
电　　话：010-88390718
邮政编码：100037
封面设计：末末美书
印　　制：北京汇瑞嘉合文化发展有限公司
字　　数：200 千字
印　　张：9.5
开　　本：880 毫米 ×1230 毫米　1/32
版　　次：2024 年 11 月第 1 版
印　　次：2024 年 11 月第 1 次印刷
书　　号：978-7-5202-1598-5
定　　价：88.00 元

传承历史，贯通未来

中国现代社会学和人类学的奠基人之一费孝通教授在题为《人文价值再思考》的演讲中，曾对人类的未来提出了著名的十六字愿景："各美其美，美人之美，美美与共，天下大同。""各美其美"就是不同文化中的不同人群对自己传统的欣赏；"美人之美"就是要求我们去了解和接纳他人的文化优势和美感；"美美与共"就是不同人群在人文价值上取得共识，从而达至和平共处的"天下大同"的境界。不同文化唯有通过不断的对话，在沟通中互鉴欣赏、取长补短，才能创造出引导人类命运通向和谐共生的共同价值，这也是当今构建人类命运共同体的过程中所提倡和必需的。

"各美其美，美人之美，美美与共，天下大同"，不但反映出中华文化兼收并蓄、有容乃大的一贯精神，也反映出长期以来中国人民把智慧融入中华文明实践、丰富中华文明自身内涵、为人类文明积极发展贡献力量的善意愿望。环顾中华大地，最有可能率先实现费孝通教授愿景的地方之一就是澳门——一颗璀璨的文化明珠、中华民族珍贵的文化财富。

澳门地方虽然不大，也没有很优厚的自然地理条件，但其作为东西方文明交流互鉴的平台和桥梁的角色已维持了好几个世纪，从未间断。今天的澳门，拥有古今同在、中西并举的深厚历史文化底蕴；积累了各美其美、美美与共的丰富文化交流互鉴经验；缔造出不同而和、和而不同的良好社会环境；构建出你中有我、我中有你的独特话语体系，这些不但成为澳门关键的软实力，也是中华文化软实力通往世界、让世界认识中华文化真实面貌的生动侧面。澳门的历史文化特质和精神不但反映在有形的历史建筑之上，也体现在各式各样的风俗习惯之上。这些历史建筑和风俗习惯，通过国际、国家、特区和民间多层次、全方位地交流，使澳门的当下能连接过去，贯通未来。

单霁翔教授长期参与国家城市规划和文化遗产保护工作，见证了从单纯的文物保护，到为构建中国特色文化遗产保护体系奠基，再由此进一步推进文化遗产传承发展这一段极不简单的历程。他在国家文物局局长任内直接参与“澳门历史城区”申报联合国教科文组织世界文化遗产的全过程；在出任故宫博物院院长后，成功带领博物院走近社会；之后，又从提升人文素质出发，注意文化和旅游的有机结合，以故宫博物院为起点，实现文化旅游在神州大地开花结果。他是改革开放进程的直接参与者，也是传承弘扬中华优秀传统文化事业的重要开拓者。单教授退休后仍笔耕不断，三四年间撰写十多本著作，还参加《万里走单骑——遗产里的中国》《老单走东城》等脍炙人口的电视节目。“择一业，终一生”是他的事业座右铭，赤子之心，实为吾人敬仰。

《人居澳门：五星照耀下的莲花》一书对澳门的建筑和非物质文

化遗产做了一次系统性的检阅，尤其是讲述了澳门申遗的具体经过，以及在成功申遗后澳门特区在中央政府的关怀和支持下，对维护历史城区景观、彰显其突出普遍价值方面所做出的不懈努力，获得国际社会认同的经过。本书集知识性、学术性和专业性于一体，既可被视作普及入门读物，也可被视作学术研究著作。与同类书籍相比，本书具有很不一样的参考价值，生动的文笔和严谨的措辞，对概念传达和事例佐证的并重，以至深入浅出的叙事手法，都使人读起来感到特别畅快，也充分反映出单教授心思缜密的素有个性。

从经济社会发展的角度看，中西文化荟萃的人文优势，不但是澳门巩固其作为“国际大都市”地位的必要条件，也是建设“人文湾区”、构建粤港澳大湾区文化共同体必不可少的构成元素。一直以来，如何平衡经济社会的发展和城市特色的保存，是每一座都市必须面对和处理的课题，对于身处发展转型期的澳门而言，这个课题更为突出。从单教授以下的这段文字，不但可以感受到他为保存澳门城市文化特色而提出的诚恳心意，也让我们不得不赞叹他在这方面敏锐的洞察力。

“澳门的城市文化特色，与澳门早期发展及不同时期的建设共生，并逐渐变得鲜明而丰满。这些成长信息被大量地保留和记录在了澳门城市之中，它们既是城市的文化积淀，也是城市的文化载体，更是城市的文化起点。作为世界文化遗产城市的澳门，正是依赖于文化传承才形成鲜明的城市特色，而城市特色一旦形成，就是无法再生的资源和财富。任何城市的繁荣与发展，都是以先人创造的城市特色为依据进行再创造的过程。如果城市丢失了文化特色，就是丢失了最为巨大的财富和最为珍贵的资源。因此，澳门的城市特色也是今天澳门建设与发展的科学依据，对城市特色的整理、研究和保护，不仅关系到城市文脉的完整性，也关系到城市独特魅力的延续和传承。”

如今，“澳门历史城区”已荣列《世界遗产名录》，各式各样的风俗习惯也陆续被列入国家和澳门特区层次的《非物质文化遗产名录》，逐渐被外界所认识，澳门的人文优势也在各类政策和规划文件中得到肯定。但在建设以中华文化为主流、多元文化共存的交流合作基地的征途上，澳门在中国历史和人类文明发展中的实际作用，仍有待研究者和关心文化发展的同仁加以发掘，从而获得应有的、更充分的评价，以提升澳门文化的能见度、影响力，更好地发挥澳门在新时代国家发展战略中的作用。期望本书能作为其中一个切入点和关注点，让我们进一步反思澳门的城市文化特色，把这些特色贯通到澳门的未来，让我们城市的独特魅力，就如特区区旗上的莲花一样，在五星照耀下不断延续和传承下去，生生不息，闪亮人间。

是为序。

澳门文化界联合总会会长、澳门基金会行政委员会主席

吴志良

2024 年 7 月 3 日于澳门

目录

SANTA CASA DA MISERICORDIA

人居澳门

五星照耀下的莲花

引言

城市是一个既古老又年轻的话题。与具有大约46亿年历史的地球相比，人类的历史是短暂的。而与几百万年的人类历史相比，城市的历史也相当短暂。从新石器时代算起，至今也只有几千年。人类社会的绝大部分时间是在没有城市的环境中度过的。然而，当人类一旦走进城市，人类社会便进入了快速发展的进程。从原始社会的中心聚落，到设防城堡、城寨，到专为护卫统治阶层的王城、王都，再发展到政治中心、经济中心、商贸中心，以及交通枢纽、重要港埠、军事重镇等各具功能的城市，城市的不断发展使人类发展需求不断得到满足。

一般来说，在城市的发展和延续过程中，必然会形成一些被人们有意或无意间保留下来的历史遗存，留下所代表时代的文化印痕，人们可以直接读取它们的“历史年轮”。随着时间的推移，这些历史遗存的文化内涵会更加丰富，其文化价值也更加突出，并与当代城市文化和城市生活建立起千丝万缕的联系。其中有的成为城市的文化标志，有的则融入了社区居民的日常生活，尽管这些历史遗存的价值表现形式多种多样，但都是维系一个城市生命的重要细胞。因此可以说，城市既是物质的果实，更是文化的结晶。

澳门就是一座从历史积累中形成的城市。根据考古资料，新石器时代澳门已有人类居住，及至明清时期，澳门留下了不同的文化层。16世纪海上贸易更是将澳门带入世界的目光。澳门作为重要的国际港口和贸易中心，在之后400多年的时间里，不同国家、民族的人在此汇聚，西方文化与建筑风格被带到了这片土地上，塑造了澳门独特的经济、社会结构，澳门因此成为东西方文化交融的典范。

2005年，“澳门历史城区”被联合国教科文组织列入《世界遗产名录》，标志着澳门的历史文化遗产得到了国际社会的高度认可与重视。“澳门历史城区”包含22处历史建筑和八个广场空间。这些建筑、广场涵盖了多种文化和宗教背景，展现了澳门作为东西方文化交汇点的独特历史。大三巴牌坊是圣保禄大教堂的遗址，以其雄伟的石牌坊成为澳门的标志性建筑，见证了澳门早期的宗教、教育和文化发展；妈阁庙是澳门最古老的庙宇，依山而建，建筑群错落有致，建筑风格富有浓厚的岭南特色，反映了当地居民对妈祖信俗的尊崇和海洋文化的深厚底蕴；大堂（主教座堂）和玫瑰堂是澳门重要的天主教建筑，展现了新古典主义和巴洛克风格的建筑艺术以及天主教在澳门的传播；议事亭前地作为公共广场，周围环绕着众多历史建筑，广场的波浪形铺装象征着葡萄牙海洋文化……同时，建筑、广场、街道、社区连为一体，形成了澳门独特的文化景观。

除了物质遗产，澳门的非物质文化遗产同样丰富多彩。饮食文化、宗教信仰、节庆习俗以其独特的风貌和丰富的内涵吸引着世界的目光。这里，有传统的舞狮表演和龙舟赛，有充满烟火气息的庙会活动，还有每年一度的澳门国际音乐节和艺术节，汇聚了来自世界各地的艺术家和表演团体，丰富了澳门的文化生活。澳门饮食文化更是多姿多彩，葡式蛋挞、猪扒包、葡国鸡等美食，不仅是澳门居民日常生活中的美味，更是游客们争相品尝的特色食品。这些美食制作技艺代代相传，既保留了传统的风味，又在现代化的过程中不断创新，展现了澳门人民对传统文化的继承和发扬。

在这片土地上，每一条街巷，每一个角落，都在诉说着澳门独特的民俗文化故事。澳门的居民在这种多元文化环境中生活，既保持着中华文化的传统，又吸收了西方文化的精髓。这种独特的文化氛围，使得澳门成为一个充满魅力和活力的城市。

我第一次近距离接触澳门是在1986年11月。当时我参加了建设部（今住房和城乡建设部）在广东省珠海市举办的“区域与城市规划”研究班，授课老师是当时在城市规划界颇具影响的波兰科学院院士彼得·萨伦巴教授。课程包括以广东省为例的大区域规划、以珠江三角洲为例的区域规划、珠海及其影响区的远景规划等，规划设计内容自然涉及澳门。但是当时澳门尚未回归祖国，往来不便，研究班只能采取“澳门海面游”的形式，对澳门的区域环境和文化景观进行了解，从船上眺望澳门半岛。记得当时最醒目的建筑是葡京酒店，感受到澳门是一座未知神秘的城市。

即便如此，在大区域规划的“国家与省域范围内的交通系统”研究课题中，还是对包括香港、澳门在内的高架公路、港口等交通形式进行了颇具前瞻性的研究，例如探讨建设连接珠海、澳门和香港、深圳等地的高架公路的可行性方案等。虽然当时认为这只是图纸上的练习，看不到任何实现的可能性，但是至今我还记得彼得·萨伦巴教授在课堂上说道：“中国目前正处在经济大发展的前夕，为此，每一座城市也应该有一个与之相适应的城市发展方案。经济高速度发展是好事，但是如果规划跟不上，就会带来不好的结果。”17年后的2003年，我终于有机会进入澳门学习考察。此时，澳门经济社会已经发生了巨大变化。

在祖国的关怀和支持下，澳门在现代化进程中也展现出了强大的生命力，人均GDP显著提升，成为世界知名的旅游休闲中心，教育、医疗、社会福利等公共服务水平不断完善，多元产业蓬勃发展。然而在现代化迅速发展的同时，这座城市仍然保留着历史造就的城市肌理和地域风情。走在澳门的大街小巷，我们可以感受到古老的传统与现代的创新完美融合。在全球化和现代化的进程中，澳门既维护城市独特的文化身份和传统魅力，也开创了未来发展的新篇章。

在澳门，历史与现代交融，物质遗产与非物质民俗并存，地域文化与外来文化互补，内地与澳门紧密联系。这种多元文化的融合，不仅造就了澳门独特的城市风貌，也塑造了澳门人民开放包容、勇于创新的精神。因为工作原因，我曾多次到访澳门，对这座城市充满感情，也深深赞叹这座“小港湾”创造的“大奇迹”，澳门的成功经验也将为其他地区的发展提供有益的借鉴。

在澳门回归祖国25周年之际，我希望以文字的形式为更多人了解澳门提供一个窗口。这本书不仅仅是对澳门历史和文化的记录，更是对澳门未来的展望。我也相信，作为一个既有深厚历史文化底蕴，又充满现代活力的城市，澳门的未来充满了无限可能。

文化城市

从历史中走来的现代之都

历史塑造城市风情

澳门位于中国大陆东南沿海，地处珠江三角洲的西岸，东邻伶仃洋，扼珠江口的咽喉，南临南海，北与珠海拱北相连。澳门由澳门半岛、氹仔岛和路环岛三地组成，总面积约33平方千米。

澳门古称蠔镜。“蠔”是“蚝”的异体字，蚝的内壳平滑如镜。学者研究认为，澳门产蚝甚多，同时其南部有南北两个海湾，“规圜如镜”，因此被称为蠔镜。目前关于蠔镜最早的记载是葡萄牙人多默·皮列士于明正德九年（1514）所著的《东方志》：“除广州港口之外，另有一港名蠔镜，陆行三日程，海行一日一夜。”这说明蠔镜之名在明正德之前已经存在。

那么，“澳门”这一名称出自何处呢？明嘉靖四十三年（1564），时任浙江按察使庞尚鹏在《陈末议以保海隅万世治安疏》中最早使用了“澳门”一词：“广州南有香山县，地当濒海。由雍陌至蠔镜澳，计一日之程。有山对峙如台，曰南北台，即澳门也。”明末清初诗人屈大均在《广东新语》中对“澳门”之名进行了解释：“澳者，舶口也。香山故有澳，名曰浪白，广百余里，诸番互市其中。嘉靖间，诸番以浪白辽远，重贿当事，求蠔镜为澳……澳有南台、北台，台者，山也。以相对，故谓澳门。”根据文献记载，我们可以知道，“澳”为舶口的通称，而蠔镜澳的南北有两山对峙，形状如澳之门，故称其为“澳门”。

说到澳门历史，很多中外书籍都是从1553—1557年葡萄牙人进入澳门开始的。这是不符合历史事实的。公元前3世纪，秦始皇一统六国后澳门被正式纳入中国版图，属南海郡番禺县地。晋元熙二年（420），澳门属新会郡封乐县地。自南宋开始，澳门属广东省香山县。这些都说明澳门有更久远的历史可以讲述。这从澳门考古资料中也可以得到确认。1972年，香港考古学会应邀对澳门进行首次考古调查，专家们在竹湾、黑沙（南）、黑沙（北）、路环村及九澳五个地点发现了史前陶片、石器等考古遗物。1973年5月，考古人员对黑沙遗址进行首次考古发掘，发现了新石器时代晚期尖状器、汉代至六朝时期的五铢钱、唐宋青釉陶、清代铜钱等文物。此后，香港考古学会、香港中文大学、香港大学、澳门大学等单位多次开展黑沙遗址考古工作，发现了史前至明清时期的不同文化层，实证了澳门历史发展的标尺。其中最重要的发现是距今6000年前以圈足彩陶盘为代表的文化遗存，这是澳门地区已知最古老的人类文化遗存。结合相关文献资料，人们终于认定：在澳门这块袖珍土地上，远古肇始便有中华民族的先民辛勤劳作、休养生息。说中华文化在此源远流长，一点也不为过吧！另外，考古学家对黑沙遗址出土的彩陶、白陶、水晶等遗存进行分析后发现，澳门地区的史前文化同珠江三角洲，特别是与珠海、中山等邻近地域的史前文化同属一个区域文化。由此可见，中华文明一脉相承。

除了黑沙遗址，澳门其他区域也有古人类活动的遗迹。20世纪80年代，考古人员在珠海拱北一带开展考古调查，发现了大量从新石器时代晚期延续至先秦时期的文物。例如，在拱北边防检查站附近地面发现了陶片和石器分布，在关闸口发现了一件磨制精良的长条形石斧和一件青铜斧。这处遗址说明，古代人类很可能就是从珠海跨过旧关闸进入澳门地区的。

一系列的考古发掘和研究表明，从新石器时代开始，澳门海岛就已经有人类居住生活。他们在山泉、小溪和潟湖附近居住，有可供饮用的淡水资源；以渔猎生活为主，使用石锛、砺石、网坠和打制砾石等工具，从海洋生物中摄取丰富的蛋白质；同时，也从事食物采集活动，在山地、丛林中猎取小动物作为食物补充。他们还会在沙堤上制造陶器、玉石饰物，进行祭祀等活动。

1982年，考古人员在路环岛九澳湾的山谷中发现了带有桅杆船只图案的岩画，更是说明距今6500—距今3500年，环珠江口处的史前居民已经掌握了相当先进的航海技术，通过水路在星罗棋布的岛岸间往来，并与邻近地区的人群保持着频繁的文化接触和交往。

“澳者，舶口也。”从名称由来，从考古发掘中，我们都可以感受到海洋在澳门发展中的重要作用。16—17世纪的海上贸易更是把澳门带入世界的目光，从而成就了澳门中西文化交融的城市底色。北京大学季羡林教授曾说：“在中国五千多年的历史上，文化交流有过几次高潮。最后一次，也是最重要的一次，是西方文化的传入。这一次传入的起点，从时间上来说，是明末清初；从地域上来说，就是澳门。”

明嘉靖元年（1522），“惟存广东市舶司”对外贸易；清乾隆二十二年（1757）至清道光二十年（1840），清政府撤销闽、浙、江三海关，规定“只许在广东收泊交易”。从1522年到1840年的300多年间，作为世界贸易大国的中国，其海外贸易路线均以广州为起点，经澳门中转，然后到达亚非欧、南北美洲诸国。1553年，葡萄牙人赁居澳门后，澳门成为海上丝绸之路的中转港口。16世纪70年代至17世纪40年代，葡萄牙人大力发展澳门—印度果阿—里斯本、澳门—日本长崎、澳门—马尼拉—墨西哥—秘鲁三条国际贸易航线，形成以澳门为中转港的国际贸易“大三角”。

作为中国对外贸易的开放港口和东西方国际贸易的中继港，中国的生丝、绸缎、茶叶、瓷器、金、黄铜等货物均经澳门输出。据统计，1580年，从澳门运往果阿的生丝有3000多担；1635年，达到6000担，价值48万两白银。同样，由里斯本经果阿运来的胡椒、苏木、象牙、檀香，从长崎运回的大量白银，从马尼拉运回的墨西哥鹰洋白银、棉花、蜂蜡等均经由澳门转入内地。

随着贸易开展，中国的社会风俗也经澳门传至国外。1610年，荷兰人从澳门贩卖茶叶回荷兰，掀起了荷兰喝茶风气。之后，喝茶风气传至巴黎、伦敦、莫斯科等地。16世纪末期至17世纪，欧洲有人编写著作介绍中国的喝茶方法和功能，还有人写文宣传喝茶的益处，喝茶逐渐在欧洲国家成为时尚。上至贵族下至平民都以饮茶为休闲娱乐活动，中国茶叶因此更大量的经澳门运往欧洲。据统计，17世纪每年有2万磅茶叶经澳门运往欧洲；18世纪六七十年代，数量激增至200万磅；19世纪初更是增长到2000万磅以上。

除了社会风俗，中西文化交融同样繁荣发展。明嘉靖三十六年(1557)，广东布政使司正式批准葡萄牙人可以留居澳门。从此之后，前来澳门探险猎奇的洋人接踵而至。在这些先驱者中，除了军人、商人，还有传教士。为开展传教活动，传教士努力学习中国的语言文字，研究儒家思想并对儒家典籍进行翻译、注释，使中国传统文化得以传播至欧洲国家并流行开来。中国的有识之士也开始积极了解、学习西方国家的科技知识，中西文化开始互相融合。1593年，旅居中国的意大利耶稣会传教士利玛窦将《大学》《中庸》《论语》《孟子》翻译成拉丁文，从澳门寄回意大利出版发行。1626年，法国传教士金尼阁将“五经”翻译成拉丁文。从16世纪到19世纪，许多中国书籍被译著，经澳门传至西方国家，其中不仅包含古典经籍，甚至还有小说。明末清初，有一本名为《好逑传》的小说极为流行。1719年，在澳门、广州做生意的英国商人詹姆斯·威尔金森将《好逑传》翻译为英文（其中四分之一被翻译为葡萄牙文）；1761年，英国汉学家托马斯·珀西将其中的葡萄牙文翻译为英文，并出版发行。出版后不久，该书的英译本就在欧洲各国引起极大反响。据统计，从18世纪中叶到1904年，《好逑传》有20多种外文译本和改编译本，深受欧洲人民的喜爱。

清代，随着东西方贸易及文化交流的不断发展，澳门在西方国家的重要性越来越显著。在清政府不愿开放更多沿海港口的情况下，西方国家更为重视澳门这个登陆中国最方便的前沿阵地。西方的思想、文化以澳门为中心向内地不断扩散、渗透，在这个“东西方相互发现”的过程中，澳门始终处于非常重要的地位。

从澳门开埠到1840年约300年时间，澳门一直是中国对外贸易的开放港口和东西方国际贸易的中继港。其间，澳门的经济结构主要是转口贸易、传统手工业及博彩业。20世纪70—90年代初，由于澳门拥有出口配额的优势、港澳往来方便，以及澳门具有低税的投资环境，大量港商将澳门作为制衣业、纺织业的生产基地。以制衣业、纺织业为主体的制造业，在20世纪七八十年代极其辉煌，曾一度占据澳门GDP近37%。随着香港转口贸易的兴起，以及内地的改革开放，20世纪90年代以后，澳门的加工企业逐步转移到内地，出口加工及港口贸易迅速衰落。此外，由于澳葡政府长期实行“无为而治”，澳门经济进入了多年的低迷期。回归祖国前，澳门经济已经连续4年负增长，进入了经济低迷期，失业率上升，社会治安持续恶化，对经济社会稳定发展构成了严峻挑战。直到1999年，澳门回归祖国才让澳门被世界重新认知。

2024年，澳门将迎来回归祖国25周年。回归20多年来，澳门迎来历史上前所未有的经济急速发展期。1999年，澳门的GDP为518.7亿澳门元，人均GDP为1.5万美元；2013年，澳门的GDP跃升至4134.7

亿澳门元，人均GDP提升至8.7万美元，14年间分别增长了7倍和4.8倍。根据国际货币基金组织发布的2018年世界人均GDP排名显示，中国澳门仅次于卢森堡和瑞士，位列全球第三。2019年，澳门的GDP为4347亿澳门元。2020年和2021年，虽受疫情的影响，但澳门的人均GDP仍有3.6万美元和4.4万美元。在发展过程中，澳门由传统手工业主导转向以出口加工业、博彩业、金融保险业和建筑地产业四大支柱产业为主，城市建设规模持续扩大，国际娱乐业长足发展，区域合作日益频繁，澳门取得了经济发展的奇迹。

从“澳门历史建筑群”走向“澳门历史城区”

自古以来，人们总是在不断地修建房屋、开辟道路、拓展自己的聚居地，世代相传，经营不息。今天的传统建筑、历史城区乃是过去城市文化的主要沉积。对此，人们常说“城市是石头的大书”“城市是印刷所”“城市是文化的橱窗”，等等。一座城市各个时期的文化遗存像一部部史书、一卷卷档案，记录着一个城市的沧桑岁月。

澳门从历史中走来，逐渐由渔村小岛发展成为国际著名的商贸城市。伴随历史的发展和延续，在这片土地上，各种不同的文化相遇，不同肤色的人们走到了一起。他们将各自的生活习惯、文化传统相互融合，孕育出了独特的中西文化，留下见证时代风格的文化遗存和首创之举。例如，澳门是中国第一家西式医院的建造地、第一所近代大学的创办地、第一座西式剧院的诞生地、大批西方文献的首次传入地，也是罗马教廷在中国成立的第一个教区；与此同时，还是第一本外国人绘制的中国地图集的诞生地、第一批中文经典译成西文的发源地、中国第一个出国留学生的派出地、中国领土上第一份西文报纸的出版地等。正是这林林总总的历史“第一”，加上离岛路环陆续出土的新石器时代敲击器、尖状器、石锛、水晶饰物，殷周时期的T形石英环玦，先秦至秦汉的夹砂陶、白陶、彩陶片，汉代至六朝的五铢钱，唐宋至明清的各色瓷器碎片等考古出土文物，共同累积成澳门历史文化资源的丰硕宝库。

历史塑造澳门独特的地域风情，形成民众的行为规范、价值信仰，进而保证城市源源不绝的活力。如今，作为现代化都市的澳门，历史遗存依然鲜活，无数跨越民族隔阂的家庭和超越宗教信仰的友谊依然发生、发展，人们共同创造着和谐共存的社会，这就是澳门最靓丽的底色。

1997年，两个并不著名的小城平遥和丽江申遗成功，极大提升了知名度，也带来了巨大的经济效益。一时间，国内各地申报世界文化遗产的积极性空前高涨。但是，申报世界遗产必须符合非常严格的标准，经历非常艰难的过程。尤其是2004年，联合国教科文组织第28届世界遗产委员会会议在中国苏州召开，会上通过了《苏州决定》和《苏州宣言》两个重要文件。根据《苏州宣言》的规定，从2006年起，世界遗产委员会每年受理世界遗产申报项目总数为45个，并对每个国家申报世界文化遗产的数量实行严格控制。这项规定对平衡世界文化遗产的代表性具有重要意义，但对作为文化遗产资源大国的中国而言，世界文化遗产的申报工作变得更加困难和复杂。

为了适应新的形势，需要及时制定世界文化遗产申报规划，并重新设定《中国世界文化遗产预备名单》，新的世界文化遗产提名必须在列入预备名单的文化遗产中产生。同时，列入预备名单的项目数量要适当，相关文化遗产项目不但要体现国家的重大利益，还要体现国际社会对世界文化遗产认识的不断深化。对于那些反映不同地域、不同文化传统的文化景观，以及那些体现人与自然和谐相处的文化线路等，应给予更多的关注。

在此背景下，回归祖国不久的澳门申报世界文化遗产项目进入视野，成为2005年中国世界文化遗产唯一申报项目。尽管当时有数十项文化遗产早已列入《中国世界文化遗产预备名单》，并且殷墟、开平碉楼、福建土楼、哈尼梯田等项目已经等候多年，但是鉴于澳门申报世界文化遗产项目的特殊意义，中央政府和澳门特区政府给予了高度重视和极大的支持。多年以后，当中国已经连续十余年成功申报世界文化遗产时，我问国家文物局专家郭旃先生哪年哪项申报世界文化遗产的过程最为艰苦，他毫不思考地回答："2005年，澳门历史城区。"

最初，澳门申报项目的名称是"澳门历史建筑群"。"澳门历史建筑群"体现了东西方文化的相互影响和融合，文物本体保护状况良好，保护法规和保护机构较有基础，保护资金较有保障，申报活动受到了澳门社会各阶层的衷心拥护和支持。同时，澳门历史上就有保护文化遗产的传统，如早在1953年就任命了一个专门委员会调查文物状况，1976年第一次公布了全面的文物保护法令，1984年又颁布了新的文物保护法令，对每类文物的保护方法做出详细规定。尽管澳门申报项目具备了上述的基础和优势，但是申报过程并非一帆风顺，存在着专业内外的复杂因素，过程相当曲折。无论是在突出的普遍价值认识方面，还是在核心价值的确定方面，在国内外都存在着争议。

首先，少数国际专家对“澳门历史建筑群”申报世界文化遗产持反对态度，他们认为在世界范围内有很多像澳门这样16—17世纪发展起来的海港城市，相比之下，澳门申报项目在突出的普遍价值方面并不显眼。特别是在应澳门特区政府之邀赴澳门参加国际研讨会之后，一位英国建筑师在给国际古迹遗址理事会的信中“强烈地反对”澳门申报项目，导致中国国家文物局收到国际古迹遗址理事会的来函，要求提供更多的具有说服力的补充材料，包括更强有力的关于价值的论证、更详尽的关于缓冲区环境景观及演变历史的说明、更充分的关于保护工程与真实性的介绍，以及与30余座类似的中外城市的对比分析研究。显然，这些要求近乎苛刻，基本反映出国际古迹遗址理事会世界文化遗产澳门项目评估报告员尤嘎·尤基莱托教授的观点。

尤嘎·尤基莱托教授在当今国际文化遗产保护领域具有顶级专业权威地位，工作态度极为严谨。当时作为澳门项目评估报告员，他曾因有少数国际专家的反对，而对澳门申报项目表示严重质疑，并提出了一系列补充论证及相关材料的要求。对此，澳门特区政府和国家文物局给予了谨慎应对。2004年12月，在世界遗产委员会召开第七次特别会议期间，国家文物局专家郭旃先生和澳门特区文化局人员携带详尽的补充论证材料赴法国巴黎，就澳门申报项目向世界遗产中心和国际古迹遗址理事会做出说明。在审阅了全部材料后，尤嘎·尤基莱托教授表示基本被说服。同时，澳门申报项目也获得了其他评估专家的理解、认可和推荐。

时任澳门特区政府社会文化司司长崔世安和国家文物局专家郭旃先生，在澳门申报世界文化遗产过程中发挥了极为重要的作用，全程指导澳门特区政府有关部门和国家文物局，按步骤展开申报文本编制、遗产地环境整治、完善保护法规、迎接国际组织专家考察等相关申报工作，工作过程极其专业，工作成果令人信服。特别是在澳门申报世界文化遗产的关键阶段，采取有效步骤，从专业角度确保澳门申报项目在国际古迹遗址理事会执委会和世界遗产项目评审会上获得积极的推荐意见，提交第29届世界遗产委员会会议审议。

在这期间，我有幸参与了其中几项工作，感受颇深。一是2003年1月，我在北京会见了来访的世界遗产评估专家组召集人乔拉·索拉先生，通过交谈，使他对澳门申报项目的整体价值有了更深刻的认识，对历史形成的环境景观缺陷与历史中心区完整性之间的关系有了更准确的理解，同时也确认了所提供的补充材料符合国际规则，其内容从本质上并未改变原申报文本这一事实。二是2003年12月18日，我赴澳门实地考察了当时列入申报的全部12处世界文化遗产申报点，拜会了时任澳门特区政府行政长官何厚铧、社会文化司司长崔世安和有关专家，代表国家文物局对申报工作表示全力支持，对澳门特区政府已经开展的工作给予肯定，同时共同探讨和部署下一步申报工作方法和任务。三是2003年12月30日，我率中国文物代表团访问葡萄牙，与葡萄牙文化遗产部门和专家会谈，在我们做了相关说明以后，葡萄牙国际古迹遗址理事会及葡萄牙联合国教科文组织全国委员会均对澳门申报项目持支持态度。四是2005年1月，在国际古迹遗址理事会执委会评估团会议之前，我率中国文物代表团顺访意大利，会见世界文化遗产专家尤嘎·尤基莱托教授，表示国家文物主管部门对澳门申报项目的支持，并进一步开展专业对话。

尤其令我难忘的是与尤嘎·尤基莱托教授的会谈。由于同为建筑师和城市规划师，我们的讨论十分顺畅，从专业角度入手，真诚、坦率地探讨了中国文化遗产保护理念和实践中的有关问题，特别是从“澳门历史建筑群”是中国现有世界文化遗产所不具有的类型，以及作为中国最早与世界接触交往的地方，澳门在中国近现代历史上的独特意义这两个方面深入阐述了该项目所具有的重要意义，希望他对中国世界文化遗产申报工作中的不足之处多予以指导。对此，尤嘎·尤基莱托教授表示理解和赞同，并强调在文化遗产保护工作中，制定保护规划和有关方面的相互协调配合十分重要。

令人鼓舞的是，随后世界遗产中心在其官方网站上发布了国际古迹遗址理事会对2005年度新提名世界文化遗产申报项目的评估报告，该报告全面体现了2005年2月世界文化遗产项目评估团会议关于澳门申报项目的会议成果，积极肯定了“澳门历史建筑群”在中西方文化交融方面的杰出遗产价值和澳门特区政府为保护文化遗产真实性与完整性所做的工作，建议第29届世界遗产委员会以文化遗产第I、III、IV、VI条标准将“澳门历史建筑群”列入《世界遗产名录》。这一评估报告结论明确，且面向国际社会公布，标志着澳门申报世界文化遗产在专业领域的准备工作告一段落。

同时，国际古迹遗址理事会的评估报告还从专业的角度建议将澳门申报项目名称由“澳门历史建筑群”变更为“澳门历史城区”。中国国家文物局认为，这一变更符合世界文化遗产领域的做法，如一些国家的老城区列入《世界遗产名录》的名称即为“历史城区”，也符合澳门此项文化遗产的真实内涵，更强调对澳门历史建筑群及其所依托历史环境的整体保护。从专业角度讲，这一名称上的变更完全可以接受，有利于国际社会对澳门申报项目与保护状况的准确理解，更有利于成功申报。后经国务院批准，澳门申报项目名称变更为“澳门历史城区”。

“澳门历史城区”以澳门旧城区为核心，由议事亭前地、妈阁庙前地、亚婆井前地、岗顶前地、大堂前地、板樟堂前地、耶稣会纪念广场、白鸽巢前地共八个广场空间与22处建筑物通过相邻广场和街道连为一体，汇聚了大三巴牌坊、玫瑰堂、大炮台、妈阁庙、港务局大楼、郑家大屋等历史建筑和文化景点。它保存了澳门400多年中西文化交流的历史精髓，是中国境内现存年代最久远、规模最大、保存最完整和最集中的中西建筑互相辉映的历史城区，也是400多年来中西文化交流互补、多元共存的结晶，充分体现了两种文化和平共存的可能性，也赋予了澳门多元开放的独特魅力。

2005年7月15日，联合国教科文组织第29届世界遗产委员会会议在南非德班召开。在讨论澳门申报的“澳门历史城区”项目时，会议用了不到十分钟时间，与会代表就一致表示同意，即澳门申报项目“澳门历史城区”没有任何争议地顺利通过。这在世界遗产委员会会议的历史上也属少见。当世界遗产委员会主席宣布这一决定时，全场响起热烈的掌声，很多代表向中国代表团表示祝贺。“澳门历史城区”作为世界文化遗产列入了《世界遗产名录》，成为中国第31处世界遗产。喜讯传来，澳门欢腾，举国祝贺。

一座文化城市

澳门申报世界文化遗产成功，使原本有一定文化自卑感的澳门民众，通过来自外界的赞扬，提升了文化自我认同，大大增强了文化归属感。申遗成功喜讯传来的第二天，贴有澳门历史城区纪念邮票的20万张明信片，通过广大澳门市民之手寄往世界各地，上有中、英、葡三种文字：“让我们一起欢呼：澳门历史城区列入世界遗产！”我相信，这是发自澳门市民心底的呐喊。以往人们谈到澳门，往往首先想到这是一座“赌城”，但是今天的澳门骄傲地向全世界递上了一张新的文化名片。

2005年11月，世界遗产证书颁发仪式在北京人民大会堂召开，时任澳门特区政府行政长官何厚铧专程前来参加。我到首都国际机场迎接他，见面后他对我讲的第一句话就是："澳门是一座文化城市，不和旁边的城市一样。"可以看出，他对自己的城市文化充满了自豪，对保护自己城市的文化遗产充满了信心。

在世界遗产证书颁发仪式上，我代表国家文物局致辞，向澳门特区政府表示诚挚祝贺，认为"澳门历史城区"的申报成功，展现了澳门丰富深厚的历史文化底蕴，使全世界重新认识了澳门，也有利于澳门的持久稳定和繁荣；并且，进一步改善和提高了中国世界文化遗产的平衡性和代表性，为中国、也为全世界的文化遗产宝库增添了独具魅力的瑰宝。同时，新的世界文化遗产申报成功，还意味着遗产所属国，特别是遗产所在地的政府、公众为世界、为全人类担负起了光荣、永久、重大的历史使命——将世界遗产完整地世代保存下去，以历史遗产建设文化城市，以城市文化特色为世界多样性做出贡献。

20世纪50年代，美国科学家注意到：在工业发达国家，2%的人生产的农产品和3%的人生产的工业产品就能满足人们基本的物质生活需要。于是提出一个问题：当5%的人已经满足了社会的基本需要的时候，那另外95%的人生产的是什么呢？研究发现，在经济发展到一定程度的时候，生产的和消费的全部都是文化。今天，越来越多的城市将文化城市作为城市发展的目标，相续提出"用文化塑造城市""建设文化城市"的城市发展理念，在城市发展和建设中紧紧抓住文化这一永恒主题。特别是那些拥有灿烂文化的历史性城市，以博大精深的文化来定位未来，必将引发全体市民对城市悠久历史的追怀和对城市美好未来的向往。

文化遗产资源是一个城市文化的重要表现。一座城市经济越发达，社会文明程度和现代化水平越高，保护文化遗产就越显重要。城市现代化的方方面面都不可能凭空而降，它的每一项因素都离不开文化。一个文化本位的城市，是有价值的城市，同时，这个城市的经济发展也必然充满活力。因此，文化遗产应该作为城市发展的文化资本，作为创造文化城市的基础。

城市中重要的物质文化遗产便是一处处古代遗址、一座座传统建筑，一片片历史街区，还有伴随而生的民俗风情、手工技艺、宗教信仰等非物质文化遗产。它们纵向地记忆着城市的史脉与传承，横向地展示着城市宽广深厚的阅历，并在这纵横之间交织出每个城市独有的个性。任何一座城市都有自己的历史文化，即使一座新建的城市也不例外。如中国的深圳、巴西的巴西利亚、以色列的特拉维夫等，这些20世纪建设和发展起来的新兴城市也不例外，甚至由于它们所具有的发展经历和城市特征，以及突出的普遍价值，而成为世界文化遗产。

如果说现阶段世界城市之间的竞争，首先是城市功能和经济地位的竞争，那么，今后世界城市之间的竞争，必然是文化的竞争。综观世界闻名遐迩的文化城市，无论古代、近代还是现代，之所以能给人们留下深刻的印象，都是因为它们在立足于自身文化特色的基础上发展。每一个城市从最初形成就呈现出其功能特征。但是在城市化加速进程中，明确城市文化定位是每个城市发展的首要任务。城市文化的定位科学准确，就会符合其历史传统和现实状况，就能成为城市居民的共同价值，城市发展也就会卓有成效，否则就会失去方向，困难重重。

是努力建设具有伟大理想的文化城市，还是滑向毫无特色的平庸城市，这一重大决策举足轻重，对未来城市的社会走向、民生质量、文化传承以及可持续发展都将意义深远。今天决策正确可以在今后数十年内面对城市化快速发展而立于不败之地，甚至可以奠定今后百年甚至更长时间城市繁荣的基础。反之，则可能因为决策失误而付出长期的甚为巨大的代价。

澳门从历史中走来，积累了大量的文化遗产，但是无论从人口规模还是土地规模来看，澳门都是典型的微型经济体，资源配置空间十分有限。要想立足于世界文化遗产城市之林，必须发挥澳门的独特价值，既要坚守文化理想、维护城市文化特色，也要对经济发展结构进行智慧的选择。

2005年成功申报世界文化遗产至今，“澳门历史城区”在保育中发展，在发展中保育，为澳门带来了世界级的知名度，拓展了澳门旅游的类型和文化内涵。前往澳门的旅客数量直线上升，澳门的文化旅游业得到快速发展。2023年，澳门入境游客超过2800万人次，带来巨大经济效益，其中内地旅客约1900万人次。2023年，从拱北边检站出入境人员累计已突破1亿人次，拱北口岸通关客流量已恢复至2019年同期水平近七成，单日通关客流峰值超34.6万人次。2024年，澳门出入境游客人次有望迎来新突破。

澳门特区政府充分利用澳门在历史文化资源方面的优势，不断发展多样化的文化旅游产品。特别是“澳门历史城区”的空间尺度与出行距离，十分适宜塑造人性化的城市物质空间，形成特色化的旅游系统网络。通过选择“澳门历史城区”内的广场空间和历史建筑，有效整合分散于历史城区内的开敞空间，组织公共空间服务体系，逐步建立起可靠、安全、便捷、连续、舒适的步行系统，形成了开放性的旅游路线，增强了更多场所之间的可达性。友好的步行及公共空间环境可以充分体现城市场所的文脉特色，充分体现城市的多样性文化价值，在形式和内容上丰富城市功能和城市体验，给旅游者带来良好的视觉和心理感受。

“露天博物馆”和“文化叶脉”是澳门特区政府提出的创意性发展概念。在澳门约33平方千米的土地上有30多座博物馆，就全世界的历史性城市来说，也属于高密度拥有。澳门拥有丰富的文化遗产，文博机构、民间社团等。2010年，澳门文化局提出“露天博物馆”概念，即将澳门打造成一个露天的博物馆。概念一经提出，就受到澳门市民的欢迎。澳门的很多碎石小街是在16世纪慢慢形成的，这些小街就像是澳门城市发展的叶脉，带领游客去欣赏不同风格的文化珍品。在“文化叶脉”的理念下，澳门文化局与旅游局共同推出了“历史足迹之旅”“绿色文创之旅”“中葡交汇之旅”及“艺文探索之旅”四条步行旅游路线。在以列入世界文化遗产的广场和历史城区为节点和主线外，还可以通过政策引导保护背街小巷、沿街小铺的商业特色，通过步行体系充分展示澳门的传统特色，揭开更多“有故事”的历史遗迹的神秘面纱。

澳门特区政府每年还策划大型主题活动，从年初的艺穗节到5月的艺术节、10月的音乐节、12月的光影节……澳门特色文化活动逐渐形成品牌。澳门国际音乐节创办于1987年，每年十月份几十场风格多元、形式多样的音乐会在澳门上演，持续一个月。音乐大师和新锐精英轮番登场，节目涵盖歌剧、交响乐、爵士乐、民乐等，为乐迷呈现精彩音乐盛会。每年音乐节都精心安排演出场所，不仅有现代化的艺术文化地标，还包括玫瑰堂、岗顶剧院、卢家大屋、郑家大屋、大炮台等世界遗产点，让音乐和建筑融合，现代与历史融合，使澳门全城充满历史文化气息。同时，作为音乐节的延伸活动，在全城各个场所还会有各类讲座、工作坊、后台探索、大师班等多样活动，让音乐艺术和音乐家走近社区和居民生活，更好地涵养大众艺术素养。例如，后台探索活动由制作团队带领参观者参观舞台、乐池、后台、服装间等，增加参观者对舞台背后的了解。

2019年开始举办的“艺文荟澳”大型国际艺术活动为澳门的文化产业注入新动力。首届“艺文荟澳”活动持续半年，共41项艺文活动。高雅的澳门艺术博物馆主场展、华丽的度假村和酒店艺术展、多元的外国驻港澳领事馆展览、融入城市景点的六件户外艺术装置、夺目的古今中外艺术精品……在澳门全城营造出“全城美术馆，处处艺术园”的氛围，吸引参观者高达1600万人次。

如今，这座小城充满文艺气息，几乎时时有演出，处处有展览。各单位和演出团体可以自行安排文艺活动。在大三巴，时常会举行“月韵悠扬大三巴”音乐会，在《赛马》《南屏晚钟》《东望洋灯塔》

等一首首经典曲目中，“文艺之城”“演艺之都”的城市特色越发清晰。

随着“澳门历史城区”被列入世界文化遗产，澳门树立起了引人瞩目的文化城市的国际形象。这意味着澳门人的传统生活方式和经验得到世人的认可，意味着澳门人和谐的社区管理模式受到世人的赞赏，意味着澳门“不同而和，和而不同”的文化传统对人类文明发展具有普遍的价值。

自16世纪中叶开始，澳门在400多年的激荡变迁之中，在从一个小渔港变成一个繁荣都市的过程中，营造了一个不同文化、不同宗教、不同习俗共生同处的多元社会。澳门历史城区保存了中西文化交流的历史，为东西方美学、文化、宗教、建筑、语言和饮食文化交汇提供了独特见证。其文化特色充分反映了澳门作为中西文化交流的桥头堡的文化历史价值。澳门历史城区的核心价值不仅在于其建筑、城市结构、人或风俗习惯，还在于所有这些元素的融合。源自中西的文化沉淀及其生活传统的共存，共同定义了澳门文化特色的本质。难能可贵的是澳门至今仍然保存原有风貌和延续原有功能，是当地文化和市民生活的重要部分。如果注意到在其他东方城市，那些具有相同历史与风格的建筑早已被高楼大厦湮没，澳门的成果就具有更大的文化价值。

一般来说，城市竞争力，尤其是核心竞争力来源于城市独特的、难以被其他城市模仿的优势。而澳门所具有的独特魅力就是文化遗产资源。事实上，澳门的这个优势不但香港、新加坡等周边城市无法企及，也与中国内地城市的文化特征形成区别。澳门回归以来，特区政府努力保持和维护历史城区的特色，加强对文物建筑的修葺，并注意把握不同风格和代表性历史建筑之间的平衡，使珍贵的文化遗产得以传承。澳门国际音乐节、艺术节等现代化主题活动从丰富的文化遗产中衍生而出，不断拓宽城市文化内涵，同时又巧妙地把文物建筑延展为艺术舞台，通过将艺术表演与文物景观有机融合，把文物古迹的现代生命呈现在世人眼前，也因此获得了国际社会和本地居民的好评及赞许，保护文化遗产更成为广大居民热心参与的全民事业，“文化澳门”的形象越来越鲜活。

大三巴音乐会

历史景观

城市空间的视觉廊道

景观视廊

澳门是一座历史悠久的文化城市，更是一座见证了中西文化交融的海港城市。在几百年的城市发展历史中，形成了独特的城市历史景观，它们是澳门不同时期人与自然、中西文化碰撞与交流在物质和文化习俗层面所累积下来的印迹。置身于澳门的街头巷尾和山海之间，那种独特的城市历史景观会令人感受到港口城市和中西文化交融的特色。澳门山海城的城市格局，体现在山体轮廓、景观节点和天际线中，体现在包括建筑高度、体量、色彩以及场地界面、绿化等在内的建筑环境中。

对保护历史城市的文脉来说，历史城市景观至关重要。历史形成的街巷格局与一草一木是城市特色和城市文化的重要组成部分。人们置身其中，可以感受到独特的人居环境，会唤起广大民众内心对文化遗产的尊重，让文化遗产得到应有的尊严。2011年，联合国教科文组织正式通过了《关于城市历史景观的建议书》，将历史景观保护纳入城市的可持续发展中。2014年，澳门特区政府提出《澳门历史城区保护及管理计划》供社会讨论。《澳门历史城区保护及管理计划》认为，“澳门历史城区”，尤其是当中的历史建筑景观、自然景观、特色街道景观与城市整体景观，均是“澳门历史城区”文化特色及历史意义内涵的载体，是其突出普遍价值的反映。

澳门城市历史景观最为主要的两个特征是港口城市和中西文化交融。

港口城市的历史景观包括：①由与自然环境紧密结合的城墙和炮台所构成的、至今仍保存较完整的防御体系；②早期城市所具有的中世纪葡萄牙城市空间特色、以教堂为核心向外延伸的街区布局；③内港区域由码头、商住楼和仓库所体现的海港景观；④作为中国传统海洋文化代表的妈阁庙及妈祖祭祀场景。

中西文化交融的历史景观包括：①注重适应山形水势的山海城城市空间格局和传统街区肌理，以及在传统城区基础上逐渐填海扩充而来的现代澳门；②具有岭南建筑特征的骑楼街景；③与中国客家文化可能存在一定渊源关系的围屋建筑；④由公园、古树和前地组成的各类公共空间及在其中保留的各种文化活动场景。

这些历史景观在城市中对人们的视线形成视觉廊道，人们置身景观之中，通过视觉廊道感受历史景观，再通过思绪和情感与历史景观进行对话和交互。所以，景观视廊是世界遗产完整性的体现，也是社会大众共同拥有、共同享用的公共资源，任何人均有义务维护其完整性。

根据世界文化遗产的突出普遍价值，澳门特区政府在“澳门历史城区”保护范围中规划出11条重要景观视廊：①西望洋山（主教山）眺望台至内港方向；②西望洋圣堂与东南方向海面的相互方向；③妈阁庙至内港水道方向；④圣地牙哥炮台至十字门水道方向；⑤大炮台至内港方向；⑥大炮台至白鸽巢公园的相互方向；⑦大炮台与东望洋炮台及灯塔之相互方向；⑧东望洋炮台及灯塔至外港方向；⑨东望洋炮台及灯塔与塔石广场之相互方向；⑩议事亭前地至市政署大楼方向；⑪耶稣会纪念广场至圣保禄学院遗址方向。

这11条景观视廊主要汇聚于澳门半岛上的三个中心制高点：南部一个制高点，北部两个制高点。如果第一次来到澳门，可以先到这些制高点处感受澳门的历史与文化。

西望洋山是“澳门历史城区”南部的中心制高点，海拔62.7米，与东望洋山相望。1935年，西望洋圣堂重建工程竣工，主教府邸随之迁到教堂旁边。自此，西望洋山又称“主教山”。主教府邸后来迁走了，但“主教山”之名却沿用至今。1620年，一艘去日本贸易的帆船在海上遇到飓风和英国船只袭击，船上商人在情急之下向圣母祈祷，若能生还，将在澳门为圣母建造修道院。后来，这艘船的船员们奇迹般地生还了，于是他们捐款由奥斯定会在制高点西望洋山上建造修道院，也就是西望洋圣堂。教堂前方还竖立着一座圣母像，约有丈高，持珠合十，面向大海，是西望洋山的象征之一。西望洋圣堂及主教府邸曾经是澳门半岛天际线重要的地标建筑，从主教府邸可饱览南湾和西湾的美景。西望洋山上有不少别具特色的别墅，如葡萄牙驻澳门及香港总领事官邸（原峰景酒店旧址）、鲍公马路上的别墅等，是澳门历史上的名门望族聚居之地。登高远望，绿树婆娑，澳门大好山水尽收眼底。

西望洋山有“澳门新八景”之一的“西山望洋”景观，也就是第一条景观视廊：从西望洋山眺望台往西及西北方向眺望内港水道的景观。这条景观视廊能较好地反映“澳门历史城区”山海城城市空间格局的特征，尤其能够感受“澳门历史城区”与内港水道间的重要视觉联系。17世纪，商船进出澳门都要经过现在的南湾湖—西湾湖—妈阁山一线。由于最靠近这一条海岸线的妈阁山已经有了妈阁庙，妈阁山背后的西望洋山就成了眺望这一线海景、致敬拯救船员的圣母的最佳选址。这一航线上的外国商船进出港时都可以望见西望洋山上的圣母修道院，寄托着船员们对平安远航的祈望。

从西望洋圣堂前平台向南观望西湾湖方向，可以感受到西湾湖的优美景观，也能较好地感受城区的整体空间格局，尤其是澳门作为港口城市的空间特征，以及其与海洋间的重要视觉联系。从西湾湖沿岸仰视西望洋圣堂方向，可以发现湖体、山体及教堂相融合的景观组合，西望洋圣堂、西望洋山山体、民国大马路之沿湖堤岸与乔木以及湖体，由远及近，共同有层次地组成了该景观方向的代表性特征。这种教堂建筑建于城市制高处的建设理念及逻辑常见于中世纪晚期的欧洲城市。这就是第二条景观视廊：西望洋圣堂与东南方向海面的相互方向的景观。

外国人的商船出入港口会眺望西望洋圣堂，而华人商船和渔船出

俯瞰西望洋山（新华社供图）

入港口则会眺望妈阁山的妈阁庙。所以，从妈阁庙向西观望内港水道的景观，就成为“澳门历史城区”中第三条重要的景观视廊。内港水道是澳门历史上重要的水路门户。相传，阿妈港是葡萄牙人初来澳门时登岸的地点。明朝中后期，妈阁庙曾带有官方庙宇性质，在中外官方交流中扮演了重要角色，例如1564年，广东政府曾在妈阁庙与葡萄牙国王使团会面。妈阁庙也是澳门重要的文化象征，甚至很多澳门发行的货币上都印有妈阁庙的形象。

妈阁山因妈阁庙而得名，是澳门半岛第二高的山冈。妈阁山南临西湾，西临内港，扼守进入内港的十字门水道。妈阁山也是澳门高级住宅区所在地，建有不少别墅大宅。从西湾湖畔可以观赏到妈阁山山水结合的景致，仿佛重现400多年前商船经十字门进入澳门内港的景色，向人们展示澳门作为海洋城市的历史。

十字门水道是澳门水域旧称，距澳门半岛南部十余里，指路环叠石塘山、氹仔小潭山、大横琴山和小横琴山中间的水域。在澳门城市发展史中，十字门水道非常重要。南宋末期，宋军与元军曾在十字门水域发生海战。明清时期，十字门属香山县，是通往广州的重要航道，外国商船必须经此出入及停泊。从20世纪中期起，广东省珠海市与澳门先后进行填海工程，十字门水域名存实亡，地图上只留有夹马口水道之名称。

为了防守这一重要航道，阻止海盗及荷兰人进入澳门，葡萄牙人在妈阁山南面修建了圣地牙哥炮台，又名“妈阁炮台”。在耶稣会的支持下，葡萄牙人从1612年开始兴建炮台。到1622年建成一座小型的炮台。后来，在西班牙炮台专家的指导下进行扩建。圣地牙哥炮台筑有围墙，墙上架有四门炮。1751年，炮位扩充至26门；1834年，炮位扩充至29门，成为澳门火炮最密集的炮台。

圣地牙哥炮台位于内港的入口处，面临十字门江口，扼澳门内港咽喉，地理位置具有非常重要的军事战略意义，它守卫着进出澳门内港的船只，是城市防御体系的组成部分之一。同时，圣地牙哥炮台位于著名风景区西湾的末尾，从炮台平台眺望十字门水道方向也形成澳门第四条重要的景观视廊，展现当年炮台对内港航道门户的军事防御功能及意象。

1981年，炮台被改建为圣地牙哥酒店。作为文物再利用优秀案例，改造时有不少遗迹被完整地保留下来。在酒店入口石级的旁边，可看到17世纪的水井。走出酒店大堂，可看到炮台原本放置大炮的位置。沿小路前进，还会看到供奉圣地牙哥的小教堂。炮台附近还有政府船坞旧址，过去曾经是政府的造船厂，其中的船厂办公室及机械部大楼现已改为海事工房。

如果说圣地牙哥炮台是守护进出澳门航线的军事要塞，那么保卫澳门本岛的重要炮台就是大炮台和东望洋炮台了。与西望洋山对应，大炮台和东望洋炮台是澳门半岛北部的两个中心制高点，也是多条景观视廊的汇聚点。

从大炮台往西可以眺望内港水道的景观，这是第五条重要的景观视廊。这一段内港区域在以前是澳门的水路门户及商运码头集中地。因此，大炮台与内港方向的视觉联系，反映了大炮台曾作为防御内港近海区域的重要军事防御设施的功能及建设逻辑，展现澳门山海城城市空间格局的特征。

大炮台坐落在澳门半岛中央，为主要制高点，可纵览全港。大炮台属于葡萄牙人聚居的城区北部边缘的地方，与北城墙及另外几个炮台形成城市北面的防御系统。大炮台始建于1617年，曾经是澳门最大、最重要的炮台。1626年，大炮台最终建成，工程历时近十年，因位居澳门半岛中央，大炮台又称“中央炮台”。昔日，大炮台上建有澳门总督和士兵居住的房子，战时作为整个澳门军事防御体系的指挥中枢。

从大炮台眺望内港之余，往西北方向还可以眺望白鸽巢公园的景观，这是第六条景观视廊。通过这条景观视廊，我们可以感受到“澳门历史城区”的空间形态与整体城市景观格局，也可以感受到大炮台周围花园与白鸽巢公园这两处城区内主要绿化场所之间的视觉联系。

与大炮台相对的东望洋山是“澳门历史城区”北部的另一个中心，更是澳门半岛最高的山丘。清代时，山上广种青松，由此东望洋山被称为“万松岭”，简称“松山”。虽然现在已经修建了从山脚到山顶的道路，但步行上山仍然相当费力。17世纪20年代，葡萄牙人在山顶修建了东望洋炮台，成为澳门军事防御体系的重要组成部分。登上炮台，外港的景色一览无余，过去只要有船只进入外港，就能被守卫在炮台上的士兵监控。

东望洋炮台位于澳门昔日城墙范围之外，是防御外港方向的第一个重要屏障，大炮台及北城墙是火力支援阵地和第二道防线。同时，

俯瞰大炮台及周边区域（新华社供图）

由于东望洋山也是制高点，与大炮台可以形成交叉火力。在1622年的澳门保卫战中，荷兰舰队在外港强行登陆，在海滩阻击的澳门军民退守，随后通过以大炮台为主力的交叉火力网击退了荷兰人。今天，在大炮台与东望洋炮台互望的景观之中，人们可以回想当年的硝烟，感受到澳门城区内重要军事防御设施的功能、布局关系和城区的整体空间格局，以及自然与人工环境的关系。作为“澳门历史城区”过去城市防御体系的重要组成部分，大炮台与东望洋炮台间的视线联系构成了澳门非常重要的第七条景观视廊。

炮台旁边是中国海岸线上最早的现代灯塔——东望洋灯塔。东望洋灯塔于1865年建成使用，灯塔向澳门周围的海面循环扫射，昼夜不停地为从外港来澳的船只领航。在晴朗的夜晚，澳门四周10千米的范围内都可以见到灯塔射出的灯光。

东望洋炮台及灯塔都是为澳门半岛东面的外港服务的，炮台作为防御保护外港航道，灯塔长期以来为海上船只领航，尤其是为往来澳门的定期客轮使用。因此，从东望洋炮台及灯塔往东及东南方向眺望外港海域的景观，是第八条重要的景观视廊，反映了东望洋炮台及灯塔昔日对外港航道的军事防御功能、海事信号及方向指引的功能与意象。

从东望洋炮台及灯塔位置往西，可以眺望塔石广场一带的景观。塔石广场是澳门一处独具特色的大广场。然而在过去，这里只是澳门半岛中央的小山冈，因岩石堆叠如塔而得名“塔石”，附近有一个村落名为“塔石村”。1863年，澳葡政府拆掉三座北城门，拓展地界，将塔石纳入澳门管治；19世纪末，澳葡政府将塔石地区开发为训练场，之后一直作为训练和运动空间；2005年，澳门特区政府将训练场改建为塔石广场。现在，塔石广场已成为充满葡式文艺风情的澳门新地标，在这里经常举行文娱活动及文创市集，不仅丰富市民生活，也为市民提供理想的休憩空间。

塔石广场是“澳门历史城区”东西两个中心之间主要的公共开敞空间，东望洋炮台及灯塔则是城区内海拔最高的主要公共观景处及制高点，作为城市的两处重要观景地点，二者互为对方的景观视觉焦点，二者间相互方向的景观体现了“澳门历史城区”重要建筑物与周边主要公共空间节点间的视觉联系。从东望洋炮台及灯塔位置往西眺望，塔石广场一带的景观视野开阔，以塔石广场及周边建筑群为代表的文化景观独具特色；从塔石广场向东仰望东望洋炮台及灯塔，则可观看到山体环境与东望洋炮台及灯塔相互融合的景观。这两处地点之间的景观构成了第九条重要的景观视廊。

塔石广场是澳门四大广场之一，其余还有西湾湖广场、议事亭前地和澳门文化中心广场，皆为景观优美的场所。议事亭前地在其中又更具特殊地位。

议事亭前地面积为3700平方米，因中央建有一座喷水池，也被居民称为“喷水池”。自开埠至今，议事亭前地一直是澳门的市中心，在这里，政治（市政署）、商业（营地街市）、宗教（仁慈堂、玫瑰堂）“三位一体”，这也正是南欧中世纪城市中心空间的特征。历任澳门总督都要在此举行就职仪式，并检阅澳门的驻军。

议事亭前地是“澳门历史城区”中心地带的重要公共广场空间，从议事亭前地向西南方向望去，就是市政署大楼。市政署大楼位于议事亭前地中轴的核心位置上，是议事亭前地的重要对景。它们的视觉关系反映了传统欧洲城市建设中市政议事建筑与广场的建设逻辑及空间关系，形成澳门第十条重要的景观视廊。

同样由广场和建筑元素构成的景观还有耶稣会纪念广场和大三巴牌坊。大三巴牌坊是澳门最重要的文化地标，也是澳门的城市象征。大三巴牌坊是圣保禄学院教堂的前壁遗址。因外形酷似中式牌坊，加上圣保禄的粤语谐音，前壁遗迹便被俗称为“大三巴牌坊”。

耶稣会纪念广场是“澳门历史城区”世界遗产核心区内与大三巴牌坊相邻的公共广场，同时连接着大三巴街、大三巴巷及大三巴

议事亭前地（澳门文化局供图）

右街等主要历史街道。从耶稣会纪念广场望向大三巴牌坊方向的景观是“澳门历史城区”的标志性景观，也是第十一条重要的景观视廊。通过这条景观视廊，能完整地观看到“大三巴牌坊、前地及石阶”的外观，感受到这处16世纪东西方文化相互交流的代表性实物见证，及其突出的文化价值和象征意义。大三巴牌坊是这处景观视廊内的核心对象，周边的文化遗产具有绝佳的景观氛围，大三巴牌坊背后的开阔感与石阶及仰视角度共同呈现着原圣保禄大教堂的庄严性和突出的地位。

从耶稣会纪念广场望向大三巴牌坊（澳门文化局供图）

城市肌理和风貌街道

以景观视廊这一概念为核心对历史城区进行保护和管理，是澳门特区政府文化遗产保护的一项创新举措。这一概念反映出文化遗产保护是一项综合的系统工程，涉及城市规划、文物保护、环境治理等诸多方面的工作。在景观视廊这一宏观概念下，比较突出的是城市肌理与风貌街道的保护。

城市肌理如同城市的“皮肤”，是人们可以直观看到的外在视觉形态。它由城市中的街道、建筑物和自然元素组成，是城区内的社会组织模式、邻里关系、情感记忆、宗教仪式及风俗习惯等人文活动的载体，体现了城市发展的特征、逻辑、痕迹以及城市的规划理念。

澳门本是一个传统渔村，村落形态与中国其他沿海地区的村落并无不同，简陋的民居围绕祠堂或庙宇，并随地势自由分布。这是澳门最早的布局形态。1557年，葡萄牙人获准在澳门定居，他们主要居住在澳门半岛中西部，开始按照西方城建经验建设澳门葡萄牙人聚居区。

宗教是影响葡萄牙人建城的关键因素。他们一般最先建立起来的公共建筑物便是教堂，教堂前面开辟前地（广场），住宅区则围绕教堂周围布局，形成相应的堂区。这些建设理念在澳门同样得到体现。例如葡萄牙人在澳门首先建立三大教堂——圣安多尼教堂、圣老楞佐教堂（风顺堂）和望德堂，对应也形成了圣安多尼堂区、风顺堂区和望德堂区。

圣安多尼教堂建于凤凰山前的高地上，通向教堂的街巷均是往上攀升的斜坡，教堂配有前地，教堂西面的马路可以直通向内港，从港口也可仰望教堂，使圣安多尼教堂具有地标性建筑的意义。圣老楞佐教堂是新古典主义的黄色建筑，修建于南湾港口的高地上，门口有高高的石梯，曾经是澳门半岛天际线上的一个地标。昔日教堂景观开阔，葡籍水手的家人经常聚集在教堂前的石梯上，远望海面是否有商船归来，也会祈求顺风顺水，期盼出海家人平安。

在高地修建教堂、设置前地广场，再以此为中心，形成辐射状街道肌理的设计，是典型的欧洲中世纪城市肌理特征。这在历史图画中就有体现。《澳门风光》是一幅绘制于1632年的澳门城市风景图。在图中，澳门原本的山体被作者描绘得高大且连续，山巅之上的教堂及炮台占据了主要位置。同样，在1638年约翰·芬伯翁绘制的《荷兰与葡萄牙在果阿的海战》画面中，山巅之上也设立有教堂和炮台，回应了借助“顶峰”来建立地理上“城市制高点”和宗教上“精神高地”的建城理想。

在葡萄牙城市中多设有“直街”，即城市主干道。在城市建设中，往往最早确定“直街”，其他城市规划则围绕“直街”展开，这是葡萄牙城市的特点。同样，这种理念在澳门的城市建设中也有所体现。澳门“直街”以沙栏仔街为起点，连接圣安多尼堂，经大三巴街转营地大街、玫瑰堂、大堂和议事亭一带，再经龙嵩街、风顺堂街向圣老楞佐教堂方向发展。“直街”串联起政府机关、公共建筑、教堂、居民区等不同的城市功能建筑，形成城市骨架。1849年，葡萄牙人拆除了作为中葡界线的城墙，带来了中葡社会的融合。进入城墙以内生活的华人依据中国传统“里坊”空间模式，在“直街”的基础上修建了鱼骨形或棋盘形的“围”和“里”，逐渐形成了以“直街”为骨干的鱼骨状脉络的城市肌理。

澳门“直街”是直的吗？其实并不是。澳门半岛三面环海，从东北斜向西南，东部有东望洋山、望厦山，西部有西望洋山，西北部有青洲山，地形地势局促复杂，可用于城市建设的地块零碎而狭小，因此，街道多沿着各处丘陵山顶呈环绕状或辐射状延伸，沿海岸地带会依海岸线走势修建道路。因此，澳门的城市肌理如同肌肤上的纹理错落，有高低俯仰、蜿蜒转折，体现着人与自然和谐共处的人居理念，街道、建筑物和自然共同赋予这座城市独特、立体的美感。

澳门城市肌理依据景色不同，可分为葡式风貌区、中式风貌区和近代风貌区。其中，前地建筑群是葡式风貌区的典型代表。例如，议事亭前地建筑群是澳门的政治、宗教、商业中心，它是澳门重要的景观视廊。在这组建筑群中，市政署大楼正立面以新古典主义风格为主，墙体为白色，门窗为墨绿色；仁慈堂大楼为新古典主义风格建筑，楼体为白色；大堂为新古典主义风格，墙面为水刷石粉面；玫瑰堂为巴洛克风格，以黄色为主色调。市政署大楼坐西南朝东北，与仁慈堂大楼形成对景，中间是议事亭前地广场；大堂接近坐南朝北，其北侧是大堂前地；玫瑰堂坐北朝南，其南侧是板樟堂前地。高密度的城市开发使三组建筑彼此分开，以曲折的道路和其他建筑分隔，在三个广场周围形成回廊通道，而每个广场又有围合的空间结构。建筑群整体形成既分隔又联系的空间特性，人们走在其中，移步换景，可以充分感受到空间交替变化的美感。

岗顶前地建筑群呈现出另一种特色风貌。圣奥斯定教堂是黄色外墙的巴洛克风格建筑，圣若瑟修院教堂也是黄色外墙的巴洛克风格建筑，不过更为华丽夸张；岗顶剧院是新古典主义风格建筑，外墙主体颜色为绿色；何东图书馆大楼是黄色外墙的新古典主义风格建筑。教堂建筑与公共建筑风格既有区分又相互协调，这些建筑围绕岗顶前地分布，使前地空间有一种围合感。同时，岗顶前地通过弯曲的戏院斜巷与龙嵩正街连接，使前地与喧嚣的龙嵩街隔离开来。人们行走其中，在“曲径通幽”“豁然开朗”的心理作用下，能够更加深刻地感受到岗顶前地建筑群浓厚的艺术气息和古典装饰之美。

除了葡式风貌区，澳门还有中式风貌区和近代风貌区。与之相对应，也存在中式街巷和近代街道两种类型。“围”“里”是澳门中式风貌区城市肌理的特色，主要分布在内港、下环、大三巴和沙梨头一带。

依等级大小，澳门的街道名称有大马路、马路、街、斜巷、巷、围和里之分，反映出街道不同的尺度与规模。马路、街巷、围里、建筑单元层层细分，形成澳门的街道肌理特色，我认为这与北京历史城区的街道、胡同、四合院系统相似。在澳门，马路属于公共空间，街巷属于半公共空间，围、里属于半私有空间，建筑单元属于私有空间，形成清晰的社会生活结构。围和里是澳门两种小层级的道路空间，是小区关系的基本组件，以宽度不超过3米的窄小道路作为两侧住宅的出入通道。澳门现存的围、里约建于19世纪，属于早期发展的华人居住区域，见证了澳门城市的发展历史。

作为澳门华人社会生活史的重要见证，围、里反映了某一历史时期的住屋特色。依托围、里的有机性质及独特肌理，形成了一个个相对独立的社区，构成了最细小的邻里单元。就社区关系而言，围内的公共空间成为居民休憩、相聚、活动的空间，围、里的公共空间内设有水井，亦作为居民晾晒衣服、清洗物品的地方。由于建筑室内空间狭小，居民的生活作息往往会延伸至公共空间，产生较强烈的社区归属感。这些与中国其他城市的传统居住形式相比独具特色，也是澳门历史中不可忽略的文化构成。

与为上层社会建造的葡萄牙式大屋或中式合院住宅不同，围、里一般是为中下阶层而建的房屋，见证着澳门华人社会生活的状况。围、里内的房屋一般建于19世纪中期至20世纪初期，往往呈长方形，多为砖木结构。典型建筑主要是两层住宅，地面层一般为客厅、洗手间及厨房，上层一般为卧室等私密性较高的空间。虽然围、里内的居住建筑艺术价值较为一般，但是它们自然组成的有机形态，围合出具有丰富变化的空间序列，由此形成极具场所感的空间环境，具有较高的建筑组合价值。

围、里大都是普通百姓居住的空间，居民经济条件受限，缺乏建筑维护资金，所以相比那些高等级建筑而言，更加容易损毁；加之缺乏文献历史记载，人们不够重视，导致很多围、里破损，甚至消失。2020年年末，澳门市政署委托圣若瑟大学团队进行内港南部公共领域概念性总体规划的编制，聚焦公共空间释放，提出“遗产步道”的概念，并尝试以围、里的街道属性进行社区的串联，激活片区活力。

另外，在澳门新城区的规划建设中，围、里城市特色也是重要保护内容。在澳门特别行政区土地工务运输局城市规划资讯网2015年发布的《新城区总体规划咨询文本》中，特别强调城市肌理的延续性，草案中提及“延续旧城区特有的前地、围、里等城市肌理，形成小尺度特色街巷空间”。未来，围、里将更好地延续澳门多元的中式风貌景色。

近代街道所在的新北区是近代风貌区，近代民居和公共建筑多集中于此。该区域“六纵六横”的街巷格局由连胜马路、俾利喇街、美副将大马路、高士德大马路和荷兰园正街等12条街道交织而成，并在圣安多尼堂和水坑尾处与老城街道相连。此外，老城中心的新马路也是为了改善交通和居住品质而开辟的近代街道。

20世纪初，澳门人口出现一次爆发性增长。传统街道狭窄弯曲，无法满足车辆货物流通的需要，因此，促成了新马路的产生。新马路开辟于1910—1925年，全长约620米，宽约11米，西与火车头街相连，直通内港16号码头；东与南湾大马路相接，可通往议事亭前地。

新马路对澳门的发展极为重要。新马路是澳门唯一直线贯通内港和外港的街道，内港16号码头原为港澳码头，从香港来的人在内港登陆后，可直达市政厅，因此新马路刚一贯通，便成为澳门的交通命脉和最繁荣的经济活动区域之一。

不同于澳门传统的城市肌理特点，新马路代表了现代主义城市规划的特点。新马路有三大景观风貌：第一是丰富的建筑景观。新马路两旁大厦林立，行走其中，如同穿越时空隧道。这些建筑的颜色、体量和风格各异，有传统的中式建筑，也有古典主义风格、装饰艺术风格、外廊式风格、早期现代主义风格等各式建筑。第二是骑楼景观。新马路沿街建筑共享同样的立面深度、一层骑楼和面对街道的角度。一家接一家的骑楼由内港一直向外港延伸，组成了澳门最长的骑楼街。为了保护骑楼街，新马路限高18米，建筑最高不过五六层，且最高两层要向后退缩，人们走在街上不能看到上面的部分，不会感到压抑。第三是“裁切”景观。新马路的修建拆除了市政厅以西的12座建筑，将原有街道拉直，新建建筑均附有骑楼，对原本连贯的历史街区的风貌景观进行了“裁切”。市政厅以东至南湾街一段则改变原有地形，挖掉小山的一部分，对自然的山形地势进行“裁切”，使新马路可以笔直地延伸到南湾街。这种对历史城区和自然山体的双重“裁切”，也是新马路城市肌理与风貌街道的特色所在。经过一个世纪的发展，新马路已成为澳门城市肌理的重要一环。

澳门的发展与海洋关系密切，所以海岸线也是澳门城市肌理的重要组成部分，其中最重要的就是内港和外港。内港的海岸线在营地大街，向南到达妈阁庙前，绕过妈阁山和西望洋山；向北经民国大马路、西湾街到南湾大马路一段则是南湾外港的海岸线，再向北绕过东望洋山是澳门半岛东部的海岸线。

这些沿原有海岸线修建的道路是记录澳门半岛最初形状的标志，见证了澳门的发展。由于大规模填海造陆，港口和海岸线发生了较大变化，但澳门仍保留有一些沿原来海岸修建的道路，景色优美，风貌独特。如南湾大马路，沿途有澳门特区政府总部等政府机关和各大银行，是澳门的商业、政治中心；西湾街现在是南湾湖与西湾湖之间的一段马路，湖景风光；民国大马路是城区内保存最完整的历史海岸线，保留有原来的海傍石堤、石砌铺地及榕树等特征元素，该街道风貌是城区内优美的人工与自然环境的组合。在大马路上既能感受到澳门数百年的风云变幻，又能欣赏澳门山、海、城相结合的独特城市景观，是游人漫步欣赏美景的好去处。

澳门，从早期发展到不同时期的建设，城市文化景观逐渐变得鲜明而丰满。从16世纪到20世纪，澳门半岛从农业社会发展为国际大都市，形成了独特的城市肌理和风貌街道。澳门的建筑样式、空间格局和街区景观较完整地体现了某一历史时期城区的社会、经济或文化特点，或展现了城区优美自然环境特色的街道、开敞空间，同时又蕴涵着西方的建城思想脉络，包容着中式传统的生活方式和意识形态，是在特定条件与背景下多民族、多制度和多文化的结合体。

希望大家以后能有机会去澳门走一走，走入城市肌理，细细感受由空间格局、历史遗迹、公共设施、人文元素、自然环境及社会关系等综合形成的整体氛围。

文化景观保护

2007年年初，得知澳门半岛最高峰东望洋山下即将兴建高层建筑，有可能遮蔽东望洋灯塔部分海岸景观，澳门民间人士组成“护塔联线”，专门致函联合国教科文组织反映意见。为响应民间人士的保护文化遗产诉求，时任澳门特区政府行政长官何厚铧于2008年春签署批示，制定东望洋灯塔周边区域兴建楼宇容许的最高高度，由此平息了争论一年多的“东望洋灯塔事件”。这一事件给政府和民间上了一堂生动的世界文化遗产保护课，使人们了解到不仅要保护世界文化遗产本身，即关注其真实性，还要兼顾世界文化遗产的周围景观，即关注其完整性。

回归祖国20多年来，澳门在经济发展、世界文化遗产保护等多个领域取得了有目共睹的成就。与此同时，澳门城市文化景观保护遇到了严峻挑战。新建筑追求异形，形式、体量、色彩对周边环境的漠视，使城市原有风貌特色逐渐丧失，历史景观地区逐渐改变原有的适宜体验和观赏的尺度，文化景观完整性受到威胁。其保护困难之处，在于需要处理重要文化景观的保护与城市建设压力之间的关系，特别是世界文化遗产保护区外的城市开发建设对世界文化遗产造成的负面影响。

澳门世界文化遗产核心区周边涌现出来的大体量建筑群，开始改变澳门传统的城市文化景观，特别是超高层建筑物的不断出现，影响着澳门美丽的天际轮廓线，形成对城市文化景观眺望视线、天际线的遮挡。无论是内港地区高层住宅群超强度改造后的负面影响，还是新填海区域毫无特色的建筑天际线，以及东望洋山与西望洋山被不断压缩和破碎的通视走廊等，对独特的澳门文化景观要素、数百年来形成的原有社区文化体系产生了深刻的影响。现代城市的替代性景观快速而无序发展，将导致最重要的世界文化遗产景观特征越来越式微，将侵蚀和压缩长期以来为世界所认知和共识的澳门城市文化特色。

2007年9月，世界遗产中心主任弗朗西斯科·班德林致信中国政府，表明世界遗产中心通过各个渠道的信息，包括澳门特区部分市民来信，得知“澳门历史城区”内，尤其是世界文化遗产构成要素——东望洋灯塔周边的部分发展项目，特别是高层建筑建设项目对文化遗产视觉完整性带来影响，要求采取紧急措施解决文化遗产周边的发展压力问题，并要求提交关于该文化遗产保护状况和发展压力状况的相关信息。对此，澳门特区政府承诺重视对东望洋灯塔与外海的通视走廊、东望洋灯塔与大炮台的通视走廊、东望洋灯塔与金莲花广场的通视走廊、东望洋灯塔与塔石广场的通视走廊的保护，同时对“澳门历史城区”周边部分高层建筑的高度进行控制：一是将原拟建高为126米的东望洋斜巷18—20号大楼的建筑高度调低为75米；二是将东望洋灯塔西南片区的建筑高度分别调低为80米、60米和35米。

2008年2月，澳门特区政府通过国家文物局向世界遗产中心递交了澳门保护管理状况报告。报告表示，澳门特区政府对紧邻世界文化遗产“澳门历史城区”六个地块的兴建建筑高度控制指标，在2006年和2007年的基础上进行了修订，大幅降低了建筑高度。同时，澳门特区政府承诺严格遵守维护东望洋灯塔和海面之间的物理和视觉联系，还要介入临近城市区域，确保在建的和将来的建设项目，都不会扰乱缓冲区范围之外的区域中已经建成的城市环境。此外，还要加强世界文化遗产缓冲区内东望洋灯塔与大炮台之间自然的和视觉的联系。

随后，澳门特区政府发布公报，进一步扩大“澳门历史城区”周边地块高度控制范围，详细确定了在东望洋灯塔周边11个地块兴建楼宇容许的最高高度。该区域包括总面积约为1平方千米的“澳门历史城区”遗产区和缓冲区，并将建筑控制的范围扩大到总面积为2.8平方千米的范围。澳门特区政府还大幅度削减了缓冲区外有合法批准手续的多座高层建筑项目数量，为此，澳门特区政府向相关建造方支付了巨额经济赔偿和置换建房用地。

2008年7月，第32届世界遗产委员会会议审议了“澳门历史城区”保护管理状况并做出决议：一是要求中国政府配合世界遗产中心和国际古迹遗址理事会起草“澳门历史城区”突出的普遍价值申明草案，供第33届世界遗产委员会会议审议。二是由世界遗产中心和国际古迹遗址理事会联合组成反应性监测团赴“澳门历史城区”，考察中国为长期保护该遗产突出普遍价值所采取的措施，并就该文化遗产环境的界定和缓冲区界限的修订提供建议。三是要求中国政府在2009年2月1日之前再次提交关于“澳门历史城区”保护管理状况的报告，并递交第33届世界遗产委员会审议。2009年1月，世界遗产中心亚太组组长博卡迪先生和国际古迹遗址理事会专家、英国古城高层建筑问题专家卓瑞先生赴“澳门历史城区”进行了反应性监测，并形成考察报告。其间，国家文物局和澳门特区政府文化局多次就报告有关内容，与相关国际组织进行反复协商沟通。

2009年2月，澳门特区政府文化局通过国家文物局再次向世界遗产中心递交了澳门保护管理状况报告。报告介绍了澳门特区政府颁布涉及“澳门历史城区”核心区和缓冲区保护的法规、澳门城市发展压力以及对缓冲区以外区域的控制举措，包括监控相关区域的发展项目、划定“东望洋灯塔周边区域”、加强社区与政府以及政府内各个部门之间沟通协调、暂停数个已批准的发展项目、降低建设项目高度等。

2009年3月，反应性监测团最终报告形成。报告表示，澳门特区政府公报对于东望洋灯塔与东侧大海、与西侧大炮台之间的视线通道给予了充分保护，同时世界文化遗产项目内的各文物古迹也得到了妥善保护。但是，报告进一步指出，对于“澳门历史城区”保护更重要的问题是现有的保护体系忽略了各文物古迹之间及其与澳门城市海景之间的视觉联系，并建议公布新的行政指令，对澳门半岛西部和南部新建建筑高度进行控制，编制城市总体规划，妥善保护历史城市景观遗存。

2009年7月，第33届世界遗产委员会会议再次审议了“澳门历史城区”保护状况，要求中国政府进一步完善突出普遍价值申明草案，通过编制城市总体规划等措施保护澳门城市历史景观。此外，还要求中国政府在2011年2月1日之前提交更新报告，以供第35届世界遗产委员会会议审议。2011年1月，澳门特区政府文化局又一次向世界遗产中心提交了“澳门历史城区”保护状况报告。报告对世界遗产委员会有关决议进行了回应，介绍了澳门特区世界遗产相关立法情况，介绍了澳门特区政府组织开展的“澳门城市规划设计研究报告”和“澳门城市规划结构和系统调查”等专题研究工作，为编制澳门城市总体规划打下了基础。同时，澳门特区政府还开展了澳门半岛南部区域建筑导则等世界文化遗产周边区域建筑高度控制方面的一系列专题研究。

报告提及了“南湾湖CD区规划”研究，关注到了重要视线廊道的保护，注意维持西望洋山与大海之间的联系。南湾湖CD区位于澳门半岛南侧，毗邻“澳门历史城区”，位于西望洋山与外海的景观联系通道上。这一区域在1997年完成填海，后被出售进行土地开发，并由相关部门批准允许建设高层建筑。“澳门历史城区”列入《世界遗产名录》后，考虑到世界遗产中心和国际古迹遗址理事会联合反应性监测以来，国际社会对“澳门历史城区”与周边海域通视走廊保护的高度关注，虽然该项目位于世界文化遗产保护区和缓冲区以外，但仍会对“澳门历史城区”环境景观产生影响。基于此，澳门特区政府暂停了这一区域项目，包括此前已经获得批准的全部建设项目。在澳门特区政府的邀请下，国家文物局组织专家论证，尽可能维护“澳门历史城区”环境景观，力求实现世界文化遗产保护与澳门当地发展的共赢。

2011年7月，第35届世界遗产委员会会议第三次审议了“澳门历史城区”保护状况，并做出决议，重申希望中国政府编制澳门城市规划等法律或规划措施，并在其完成后提交给世界遗产中心，供世界遗产中心及其咨询机构进行评估。

针对上述问题，澳门特区政府认为需要建立一个兼顾保护与发展的、促进社会和谐的澳门文化遗产保护与城市规划系统，既响应传承创新、共建和谐的澳门特区政府纲领，又回应社会各界对于城市文化景观的诸多诉求。“澳门历史城区”承载着城市各项公共活动和公共服务，是澳门城市长远发展的关键区位，公平、合理地配置公共空间资源，既是澳门特区政府的历史使命，也是全体民众的期望所在。通过梳理澳门现有人文和自然特色景观资源和要素，从保证人们能更持久、全面地感受澳门城市文化特色的角度出发，结合城市体验方式和体验路径，澳门特区政府将致力于维护澳门城市文化特色场所，塑造独一无二的世界文化遗产城市形象。

面对上述新情况和新趋势，澳门特区政府积极应对。具体解决方案力求既响应世界遗产委员会相关决议及要求，又兼顾城市的可持续发展、文物保护理念的持续更新与进步。在参考其他国家和地区的相关法律，切合澳门地区自身社会特征，以及“澳门历史城区”保护状况的基础上，经过公众意见的咨询，2013年8月22日，时任澳门特区政府行政长官崔世安签署公布了两项具有划时代意义的法律，即第11/2013号法律《文化遗产保护法》和第12/2013号法律《城市规划法》，且于2014年3月1日同时正式实施，为澳门的文化遗产保护和城市规划建设奠定了法律依据。

其实自2006年起，澳门特区政府便不断强化和深化相关文化遗产保护和城市规划管理的法制建设。《文化遗产保护法》自2006年起开展跨部门研究，从文本起草到两次公开咨询，后经行政会议多轮讨论，再到提交立法会议审议，这部法律终于在2013年8月的立法会上获得通过。澳门特区政府通过部门协作，在世界遗产公约和《文化遗产保护法》的双重规范下，为世界文化遗产“澳门历史城区”建立起兼顾物质与非物质的、全面及系统的法律保护制度，建立起更完善的管理机制，以更高标准发掘、保护和管理澳门的文化遗产。在《文化遗产保护法》中，“澳门历史城区”保护独立成章，规定遗产地政府须依法编制《澳门历史城区保护及管理计划》，以响应《保护世界文化与自然遗产公约》及世界遗产委员会决议的要求；并规定该计划须进行公开咨询，以广泛吸纳居民的意见。

澳门城市文化景观遗产的保护，需要《文化遗产保护法》和《城市规划法》共同支撑。澳门历史上未编制过完整的城市总体规划，也没有构成识别城市文化景观系统的有效秩序。因此，在《文化遗产保护法》和《城市规划法》的实施层面，既需要建立反映不同时期澳门可持续文化景观的识别和保护制度，也亟待形成澳门整体城市景观控制引导系统。作为“澳门历史城区”的文化景观特色，历史建筑多依地势逐步建成，与自然环境有机融合。因此，在世界文化遗产整体风貌保护方面，应注重保护与自然形态亲和的建筑景观特色，维护富于变化的地形地貌，例如东望洋山、西望洋山、望厦山、螺丝山、白鸽巢等山体形态和绿化植被，维护富于变化的地形起伏关系以及自然形成的道路肌理和骨架尺度。

澳门对文化景观的保护结合地域文化特色，大胆创新，取得了卓越成效。具体措施，可分为以下三点：一是注重视线景观廊道的保护。保护澳门历史性城市的视线景观廊道的资源，需加强对制高点眺望视廊、观赏点眺望视野、标志性眺望背景的控制，通过世界文化遗产保护区外的城市规划，对开发强度、建筑高度等进行控制，维护文化遗产地区与自然环境所构成的整体空间关系，以更加主动、前瞻和系统性的措施，保证城市的整体风貌不受破坏。特别要对已经明确下来的观景点与景点之间形成的视廊空间及其背景协议区进行严格控制，在视廊空间及其背景协议区内安排建设项目，应经过严格的审批及公众咨询程序，在确定对景观不造成破坏的情况下，方可批准建设。视线景观廊道的保护，应以理性的文化景观秩序约束和引导不断出现的局部建设行为，采取城市文化景观特色分区管理规制，引导澳门世界文化遗产景观资源的可持续发展。

二是注重地标性建筑物的保护。重点保护地处制高点的地标性建筑物，维护形成澳门城市整体风貌的重要坐标和天际线，例如基于军事、航海和宗教等功能需要，在“澳门历史城区”内依地势制高点建设的城堡、灯塔及教堂。依据《文化遗产保护法》，对“澳门历史城区”内能体现人工与自然环境历史空间格局的景观视廊、体现历史或特色城市肌理的景观视廊、各制高点之间的景观视廊和特色建筑景观视廊加以保护。而对于超出“澳门历史城区”缓冲区范围外的景观视廊的规划控制，则主要体现在城市规划管理层面。此外，为延续“澳门历史城区”的特色风貌，保持“澳门历史城区”环境的整体协调，使人们能够有效感知“澳门历史城区”的价值，也要对“澳门历史城区”的街道及开敞空间的风貌进行保护和控制。

三是注重塑造新的城市景观。根据《城市规划法》，文化遗产主管部门将参与涉及“澳门历史城区”的城市规划编制工作。在保护世界文化遗产的同时，澳门也在努力塑造彰显人文内涵的新的城市景观。新的发展建设应尊重历史，确保历史脉络的延续。这一视角着眼于整合当代建设与历史环境，通过对当代建设的控制与引导，来保护城市的自然景观特色以及传统的格局和肌理。通过一系列的城市设计手法，使新老建筑形成一定的空间秩序，使新旧城市景观和谐共生，实现城市建筑物天际线与山体脊线的和谐布局。特别要加强对影响文化景观项目的设计审查，鼓励新建、改建项目为优美的城市景观做出贡献。同时，应改善眺望视廊内的第五立面景观，鼓励和引入屋顶景观设计。

《文化遗产保护法》和《城市规划法》的同时公布实施，构建起相互关联的科学化的文化遗产保护制度和现代化的城市规划体系，也预示着澳门特区在世界文化遗产保护方面，建立起了跨部门协作机制。为全面有效地开展世界文化遗产及其缓冲区的保护与管理工作，澳门特区政府文化局从只有“两个厅、两项工作”的主管机构，发展成为由8个厅、16个处组成的强有力的政府机关。伴随文物保护部门管理职权的增大，澳门特区政府文化局的责任和压力也不断加大。作为一个完整的文化体系和城市系统，其中的管理工作必然涉及多个不同职能范畴的政府部门，澳门特区政府文化局连同其他相关的职能部门，如市政署、旅游局、土地工务局、交通事务局、海事及水务局、环境保护局等部门进行跨部门的协作。如今，澳门特区政府的各相关公共部门共同为世界文化遗产的保护与管理做出努力，并对“澳门历史城区”整体环境保护和社会生活可持续发展进行统筹。

由于“澳门历史城区”也是市民的生活区域，如何在发展经济、改善民生与加强保护之间取得平衡，既是澳门特区政府的新课题，也应被澳门民众视作义不容辞的新责任。今天，珍惜和保护文化遗产的境界与能力，已经成为国际社会对国民素养的评价标准之一。要想做到这一点，必须不断加强民众对文化遗产价值和意义的了解，增强民众的自觉保护意识，进而影响和带动更多的民众来关注、参与文化遗产的保护。就“澳门历史城区”的保护来说，澳门特区政府从多个方面引入公众参与的渠道。例如由“文化遗产委员会”及“城市规划委员会”所构建的政府与居民、社会组织、专家学者及利益相关者的沟通及意见交流平台，具有广泛吸纳社会各界意见的功能，对“澳门历史城区”的城市空间发展利用及日常的保护起到了重要的作用。通过公众参与，广泛吸纳社会各界建议，平衡社会各界的利益，在重视历史及兼顾实际情况的基础上，澳门特区政府循序渐进地建立起有效机制，使澳门城市建设与文化遗产保护得到协调发展。澳门作为文化城市的风貌愈来愈靓丽。

文物建筑

多元文化共生共融

提到澳门文化，你会想到什么呢？大家都知道，文化伴随历史而产生，400多年中西交融的历史，注定了澳门文化的独特性和融合性。这些特性体现在建筑、语言、宗教等各个方面，对于澳门来说，建筑又是其中最直观、最具特色的存在。

澳门最初的申遗名称为“澳门历史建筑群”，最终申遗成功的“澳门历史城区”中也有22处历史建筑，包括妈阁庙、港务局大楼、郑家大屋、圣老楞佐教堂、圣若瑟修院大楼及圣堂、岗顶剧院、何东图书馆大楼、圣奥斯定教堂、民政总署大楼、三街会馆（关帝庙）、仁慈堂大楼、大堂、卢家大屋、玫瑰堂、大三巴牌坊、哪吒庙、旧城墙遗址、大炮台、圣安多尼教堂、东方基金会会址、基督教坟场、东望洋炮台（含东望洋灯塔及圣母雪地殿圣堂）。澳门建筑价值可见一斑。

在澳门，我们可以看到中式传统建筑、欧式建筑以及融合中西特色的建筑实物。中式建筑，主要是殿堂式署衙、园林式庭院和岭南传统民居。莲峰庙、普济禅院都是殿堂式建筑，具有中轴线布局，墙头、砖瓦、屋脊等建造精美；园林式建筑多为江南园林风格，园内建有小桥流水、亭台楼阁，景致错落有序，极尽雅致；岭南传统民居呈现着区域建筑特色，砖雕、灰塑、蚝壳窗等尽显装饰精巧。同时，巴洛克风格的大三巴牌坊、葡萄牙式建筑澳督府、折中主义风格的关闸拱门，以及融合罗马、葡萄牙和希腊建筑风格的岗顶剧院……中西文化的精华以高密度的建筑形式呈现在澳门。

澳门原是广东香山县管辖的一个半岛，葡萄牙人到达澳门时，澳门半岛的原住人口分布于妈阁村、沙梨头村、龙田村、龙环村和望厦村等村落。村落依照“负阴抱阳，背山面水”的原则建造，住宅围绕村中心的祠堂、庙宇分布，形成有机的空间形态，村落建筑具有典型的闽越地区特色。

从葡萄牙人在澳门开埠建城开始，澳门的空间布局、建筑形态不断更新发展。最初，由于建造技术、经济发展落后，同中式传统民居一样，葡萄牙人就地取材、因陋就简，建造简易的土木结构建筑物。由于教会力量起主导作用，首先建造的公共建筑物是木结构的教堂。

随着城市的逐渐形成以及从事贸易活动获利颇丰，教堂建筑开始采用砖石结构。随着天主教在澳门的迅速扩展，葡萄牙人兴建圣保禄教堂、望德堂、圣老楞佐教堂、圣方济各教堂、圣奥斯定教堂、玫瑰堂、圣安多尼教堂等多座教堂。

自17世纪开始，为了防御其他西方列强的进攻，葡萄牙人在澳门陆陆续续地修建了大大小小的炮台和城墙，例如加思栏炮台、伯多禄炮台、沙梨头炮台、大炮台、东望洋炮台、西望洋炮台和妈阁炮台等。但是澳门的城市在17世纪末和18世纪基本上没有什么发展：一方面，澳门经历了严重的经济衰退；另一方面，清政府在1749年宣布未经批准不得在澳门造新房，只允许对已存的建筑进行必不可少的维修工程。

鸦片战争后，葡萄牙在澳门实行殖民政策。19世纪中后期，澳葡当局将管治范围扩大到整个澳门半岛及氹仔岛与路环岛。此时，作为移民和苦力贸易的中心，澳门经济又再度活跃起来。在这一时期，澳门出现了许多豪华住宅，这些楼宇既具有城市的风貌和中式的空间结构，又有西方古典式的拱形骑楼、装饰、中楣、山花、主柱、壁柱及柱顶盘。在公共楼宇和机关楼宇中，较为突出的是岗顶剧院、仁伯爵综合医院、陆军俱乐部、港务局大楼、峰景酒店、警察厅和镜湖医院。建筑形式呈现出各种不同的风格，如古典折中主义、欧洲文艺复兴主义等。

随着华葡社会分治界线被打破，中国传统建筑在城市和原来华人村庄的聚居点继续发展，新建、修葺或扩建了一些庙宇，如沙梨头的哪吒庙、土地庙，大炮台山坡的哪吒庙，以及马交石附近的天后古庙。在商业区出现了一种新型的中式建筑——塔形当铺，其外形像碉楼，有小气窗和波浪形的塔顶，与珠江三角洲一带的碉楼建筑相似。

在400多年的时间跨度中，中西文化在澳门这片土地上经历接触、碰撞、冲突，但最终实现了彼此尊重、融合发展，这一演变过程在澳门的建筑中也得到充分体现。葡萄牙人刚来到澳门时，修建教堂、民居等建筑还是坚守西式建筑风格。到17世纪时，中西方建筑主要还是坚持各自风格，但澳门欧式建筑开始局部融合中式建筑元素，例如大三巴牌坊上出现了牡丹、狮子等元素，这是中西文化交融的痕迹。18世纪至19世纪初，中西建筑风格的融合达到巅峰，尤其在民居建筑中，材料的选取、建筑设计的空间布局、装饰元素的使用等方面都体现着中西文化交融的风格。例如，中式建筑的门头饰、窗头饰中采用西式券顶或三角形顶；而西式建筑中也融合了中式庭院设计，或者院落内中西单体建筑共存。

澳门有一座地标建筑——望海观音，位于澳门新口岸孙逸仙大马路对面的人工岛上，是中西文化交融建筑风格的经典之作，也被称为“洋观音”。观音菩萨在中国有普遍的认知，虽然可细分为南海观音、送子观音、千手观音等不同类型，但观音的容貌大同小异，多为慈眉善目、平静祥和的形象。但是澳门的“洋观音”与传统观音容貌迥异，其脸部瘦长、鼻梁高挺、侧头弯腰、身形修长、巾袍飘然，具有中国传统佛教文化与欧洲雕塑工艺相结合的风格，既保留了中国传统佛教的观音元素，又融入了西方圣母玛利亚的韵味，是中西宗教文化交融的具象雕像。

400多年间，来自葡萄牙、西班牙、荷兰、英国、法国、意大利、美国、日本、瑞典、印度、马来西亚、菲律宾，以及朝鲜半岛乃至非洲地区的人，带着不同的文化思想、不同的职业技艺和不同的风俗习惯，在澳门盖房子、建教堂、修马路、筑炮台，甚至建坟场，展开多姿多彩的生活并举办各类文化活动，逐渐形成了澳门建筑文化空间。

我喜欢说“建筑是一部史诗”，从中我们可以窥探特定时期的社会风情，并且不同时期留下的建筑遗存，向我们呈现连续的历史演进。澳门这些建筑从功用上可以划分为：行政建筑，如衙门、都台；宗教建筑，如庙宇、教堂；公共建筑，如医院、剧院；民居建筑，如私宅、别墅；军事建筑，如炮台、城墙，等等。这些建筑就是政府行政管理、民间生活、社会发展等侧面的记载，静静地讲述着历史。同时，这些建筑中体现着闽南文化、伊斯兰文化、欧洲基督文化和东南亚文化等，不论是在整体风格上，还是在细节装饰上，都体现了东西方文化的交流与共存，是文化传播的见证，是社会各阶层活动的物质缩影，也是对澳门城市精神的最好诠释。

宗教建筑

澳门开埠几百年间，中外商民杂处，各种宗教并存。澳门的法律承认宗教信仰自由，只要不违反法律，各种宗教都可以在澳门自由传教。澳门居民所信仰的宗教有佛教、道教、天主教、基督教新教、伊斯兰教等，其中以佛教、天主教、基督教新教为最盛。除以上宗教信仰以外，在澳门还有一些民间信俗，如妈祖、土地神、灶神等。多元的宗教信仰和民间信俗对澳门的文化产生和城市发展具有重要影响。尤其是风格迥异、设计精美的宗教建筑，是澳门建筑中重要的组成部分。

澳门的宗教建筑主要为中式庙宇和西式教堂。在世界遗产“澳门历史城区”区域内，广泛密集地分布着众多的庙宇建筑，这在世界城市中极为罕见。这些庙宇的供奉布局、庙宇形制、建筑结构及装饰手法等，反映出浓厚的地域传统文化特色。这些庙宇既反映出不同时期建筑文化的特色，也反映出民间信俗多元共存的特点，共同见证着澳门的社会文化进步、商品贸易发展、产业结构转型以及城市街道的变迁，为研究澳门历史提供了重要的参考资料。

我曾多次去澳门考察，其中宗教建筑是重要的考察内容。澳门的庙宇建筑具有以下特点：

一是分布密集、文化多元。福德祠一般供奉福德正神，俗称“土地庙”。大码头街福德祠、河边新街福德祠、石墙街福德祠、雀仔园福德祠等，均是供奉土地神的重要场所。据了解，澳门仅福德祠就有90余座，土地神是民间最普及的神祇之一。澳门的庙宇具有多元宗教并存的特色，例如作为渔家信仰载体的先锋庙，主殿供奉“先锋将军”，偏殿供奉“东海龙王”；位于福庆街的黄曹二仙庙是黄大仙与曹大仙合庙供奉，这一模式十分罕见；竹林寺庙由道观改为佛寺，为研究澳门多元宗教发展的历史提供了参考资料。供奉主神以女娲为主、葛吕郑三仙为次的女娲庙及灵岩观，既位于最繁华的街道草堆街上，又处于世界文化遗产缓冲区之内，在相邻众多西式建筑中突围而出，形成独特的文化景观，反映了中西文化并存的特色。

二是内涵丰富、活态传承。在一些历史悠久的宗教建筑内，保存有数量众多的可移动文物，例如康真君庙内现存数幅晚清岭南地区庙宇壁画大师杨瑞石的壁画，见证着内地与澳门两地密切的文化交流；竹林寺内保存有坚性大师与岭南画派多位大师的墨宝真迹，成为一座将绘画书法艺术融入建筑的艺术博物馆；药王禅院内的多幅珍贵书画作品均为名家真迹，为研究澳门书画艺术发展与宗教的关系提供了丰富的信息。

澳门众多的庙宇见证着时代的更替、社区的变迁、土地的流转，是活态的历史纪录。例如雀仔园福德祠多年来坚持举办土地神诞庆祝活动，成为土地神信俗中的重要组成部分，增强了社区的凝聚力。供奉主神为姜太公的石敢当行台，是中国境内唯一以石敢当为主神供奉的庙宇。作为石敢当信俗的载体，对传承此项民间信俗起着重要的作用。

三是功能延伸、景观独特。除宗教活动外，不少庙宇亦作为坊众议事之用，也有庙宇将其一部分作为商铺之用，以支持庙宇的运转。河边新街福德祠更是将其庙产作为学塾、学校，反映了庙宇对澳门教育事业发展的支持，对研究澳门教育发展演变具有重要意义。建庙至今，雀仔园福德祠不仅作为宗教场所，更建有公所、会所等设施，作为社区议事、文娱活动的场所，与社区集体生活有着密切联系。

“澳门历史城区”中的一些宗教庙宇集中布局，形成较为完整的宗教类文化景观，例如福庆街上一字排开的包公庙、南山庙、医灵庙、吕祖仙院、黄曹二仙庙五座庙宇，同属19世纪末的宗教建筑，构成独特的街道文化景观；再如美副将大马路上，先锋庙、观音古庙、城隍庙、何氏宗祠、康真君庙、普济禅院分列道路两侧，保有昔日望厦村的历史原貌，构成了一组别致的宗教类人文景观。

澳门西式宗教主要为天主教和基督教。葡萄牙人来到澳门后，天主教在此迅速发展：1562年，建立望德堂、圣老楞佐教堂、圣安多尼教堂；1576年，成立澳门教区；到1644年，澳门天主教徒已达4万多人。天主教在澳门的广泛传播，留下许多相关建筑，例如，天主教堂、学校，还有很多福利机构。

澳门的西式宗教建筑是宗教在中国以及远东地区发展的重要见证，其建筑风格包含了文艺复兴以后大部分的欧式建筑风格，如巴洛克式的圣若瑟修院圣堂、玫瑰堂，新古典主义风格的圣老楞佐教堂、岗顶剧院、仁慈堂。还有在欧式风格基础上融合中国、印度、日本等地区建筑特色的宗教建筑，例如大三巴牌坊在巴洛克风格基础上，兼具中国、日本元素，是中西文化交流的结晶。

妈阁庙

妈阁庙是澳门民众祭祀妈祖的祠庙建筑，又称妈祖阁、妈祖庙、娘妈庙、天后庙、天妃庙等。一般人称澳门开埠400多年，这是指澳门从渔村逐步变成城市的过程。而妈阁庙至今已有500多年的历史，有史可考的妈阁庙记载始见于明孝宗弘治元年（1488），故有“先有妈阁，后有澳门”之说。妈阁庙是澳门现存庙宇中有实物可考的最古老的庙宇，也是原建筑物保存时间最长的澳门文物。

妈阁庙背山面海、景色清幽，建筑群体协调地坐落于山石和千年古树之中；石狮镇门，飞檐凌空，常年香火不绝。每年农历除夕和农历三月二十三日的妈祖神诞，四方香客云集于此上香拜祀、叩首祈福，并举行丰富多彩的节目助兴。妈阁庙上紫烟弥漫、一派祥和，这就是“澳门八景”之一的“妈阁紫烟”。1992年，澳门摄影学会、澳门历史学会、澳门中华诗词学会、澳门美术协会等八个社会团体，依据历史性、时代性、可观性和连续性等原则，从43个澳门主要景点中

妈祖阁（澳门文化局供图）

评议选出“澳门八景”，分别为镜海长虹、妈阁紫烟、三巴圣迹、普济寻幽、灯塔松涛、卢园探胜、龙环葡韵和黑沙踏浪。“澳门八景”是澳门景观的代表，极具澳门特色与景观之美，大家有机会可以一一探访。

妈阁庙坐落于妈阁山西面山腰上，旧时南临西湾、西瞰内港，主要由两组建筑群组成，殿宇多坐西向东。第一组建筑——入口大门、牌坊、正殿、弘仁殿、观音殿，根据山坡地势通过曲折山径依次连接而成；另一组建筑位于上述建筑群南侧，名为正觉禅林。各建筑简单古朴，布局错落有致，与自然景观完美融合。

妈阁庙入口大门为花岗岩牌楼建筑，门楣上有“妈祖阁”三个大字，顶部有飞檐状屋脊，两侧为琉璃瓦顶。大门之后有一座花岗岩三间四柱冲天式牌坊，四只石狮分置在柱头之上。正殿和大门、牌坊、弘仁殿处于同一轴线上，殿内供奉天后，有“神山第一”殿之称。正殿建于明万历三十三年（1605），在门口的石横梁上可以看到创建时间的铭刻。正殿为砖石建筑，柱、梁、部分墙身以及屋顶均用花岗岩修筑，两边墙体上开有大面积琉璃花砖方窗，在较高位置上有圆形气窗。石屋顶上铺设琉璃瓦顶，并以夸张的飞檐装饰正脊及垂脊。屋顶造型又分为两部分：前部朝拜区的屋顶为歇山卷棚顶，后部神龛区的琉璃屋顶则为重檐庑殿式。

弘仁殿的规模较小，面积为三平方米左右，实际上是一间石室，以山壁作为后墙，屋顶及墙身以花岗岩围合。殿内也供奉天后，两侧墙身内壁上有侍奉天后的侍女及天将浮雕。石屋顶上有绿色琉璃瓦及飞檐式屋脊装饰。现在的殿门及殿内石龛，为清道光八年（1828）重建而成。

观音殿位于最高处，为砖石结构的硬山式建筑，殿内供奉观音。据《澳门记略》中的相关记载可知，在清乾隆十六年（1751）前观音殿已见雏形。这里最早为一石亭，后与弘仁殿同时重修，即我们现在所看到的建筑形制。

正觉禅林由正殿及侧殿组成。侧殿为砖结构硬山顶民居。正殿为四架梁结构的院落式建筑，前为天井，天井两侧的侧廊为卷棚顶。正殿主建筑为琉璃瓦坡顶，两边侧墙顶部为“镬耳”山墙，有防火的功能。天井前的正立面中间高、两边渐低，墙身上有泥塑装饰；墙顶用琉璃瓦装饰，琉璃瓦顶上装饰有飞檐和瓷制宝珠，琉璃瓦檐下装饰有三层象征斗拱的泥塑花饰。妈祖阁建筑极具价值与特色。

妈祖是中国东南沿海一带出海的渔民信奉的神灵。最初，妈祖信俗仅在广东、福建一带流传，后来渐次北上。北宋宣和五年（1123），宋徽宗封妈祖为“顺济夫人”、钦赐顺济庙额，使妈祖信俗得到朝廷的认可。随后，妈祖信俗迅速传播到全国各地的海港城市。元世祖封妈祖为“护国明著天妃”，明崇祯帝封妈祖为“碧霞元君”，清康熙帝封妈祖为“护国庇民昭灵显应仁慈天后”。清乾隆五十三年（1788），乾隆帝御敕妈祖庙春、秋两季致祭，妈祖信俗被列为国家祭典，与陕西黄帝陵祭典、山东祭孔大典并列为中华三大祭典。由此，妈祖上升为民族的神祇崇拜，妈祖信俗遂成为一种文化现象。明清以来，妈祖信俗还传至朝鲜半岛、日本、东南亚等沿海地区。文旅产业指数实验室发布的《2020妈祖文化和旅游国际传播影响力调查报告》中显示：妈祖文化传播区域已达46个国家和地区。其中，亚洲主要有日本、新加坡、马来西亚、印度尼西亚、菲律宾、泰国、越南、缅甸、韩国、柬埔寨、老挝、印度、文莱等国家，欧洲包括法国、英国、挪威、丹麦、意大利、荷兰、西班牙等国家，美洲为美国、加拿大、墨西哥、巴西、阿根廷、智利等国家，大洋洲有澳大利亚、新西兰、汤加等国家，非洲有南非、莫桑比克，等等。由此可见，妈祖信俗从中国广东、福建走向世界，已成为跨越国界的国际性信仰。

最早生活在澳门的居民主要以渔猎为生，再至繁盛的海上贸易，海洋在澳门人的生活中具有重要意义。随着内地人来到澳门，妈祖信俗也在澳门传播开来。关于妈阁庙的修建，传说明代时，福建人乘船来澳，有一位圣母化身为老妪登舟随行，一夜之间，疾驶数千里抵达澳门，到今日建庙所在地，老妪便失去踪影。于是，居住澳门的福建人与当地人商讨，在这里塑像立庙奉祀。从明代起，每逢农历三月二十三日妈祖生日那天，妈阁庙都要举行盛大的祭祀活动。

目前，全世界共有上万座从湄洲祖庙分灵的妈祖庙，有两亿多人信仰妈祖。与妈祖相关的庙宇众多，为何澳门的妈阁庙能成为世界文化遗产呢？这不仅因为它在西方文明来到后的几百年中依然保存完整，还因为它以海洋为载体，是记录中西文化相互共续的实物遗存。

妈阁庙内文物古迹甚多，其中“三奇石”——洋船石、海觉石和蛤蟆石最为出名。洋船石，因石上刻有一艘出洋的海船而得名。海船刻画精致，篷舱齐全，有桅杆三枝，船头刻“大服”一对，俗称“大眼鸡”。这是中国古代帆船的形态。桅杆上书“利涉大川”四个大字，表达海上贸易利润丰厚、无往不利。澳门的先民们以海为生、以船为家，船是渔民们的重要财产。洋船石是澳门因海上贸易而兴的证明，也是澳门贸易“华洋”共建、共生的写照。洋船石原本只有一块，位于妈阁庙进门右边，系一平地中凸出之岩石，高六七尺，毗邻正觉禅林，距今已有400多年的历史。清同治（1862—1874）年间，有人仿照原有洋船石在石头上又刻了一艘海船。

蛤蟆石原在妈阁庙门前的海滩上，其形椭圆，颜色青润，每当风雨潮汐会发出“咯咯”的声音，恰如蛤蟆叫声。相传，蛤蟆石上刻

洋船石

有“妈祖阁渡头”，此渡头是葡萄牙人初来澳门时登岸的地点。据说16世纪葡萄牙人几经周折到达澳门时，最先映入眼帘的建筑就是妈阁庙。询问当地人这是哪里，当地人告知此地名为妈阁，Macau（妈阁的粤语音译）的名字由此而来。

妈阁庙山间存有众多摩崖石刻，是过去几百年间曾到澳门游览的画家、诗人、官员所题。其中最古老的石刻就是由清代林国桓（具体身份众说纷纭）题写的“海觉”二字，字径逾丈。妈阁庙摩崖石刻是澳门文化的重要组成部分，尤其是石刻诗，为我们呈现了美丽的澳门风光和特定时期的中西文化共生共融的人文场景。例如，“海觉”二字之下还有一首石刻诗："水碧沙明远映鲜，莲花仙岛涌清涟。岸穷海角应无地，路转林深别有天。一任飞潜空际色，半分夷夏杂人烟。幽心已托南溟外，独坐松荫觉妙禅。"诗中"半分夷夏杂人烟"描绘了澳门当时华洋杂居的人文景色。

三街会馆（关帝庙）

三街会馆（又称关帝庙、关帝古庙）位于议事亭前地左侧。"三街"指澳门最早的三条街道，即营地大街、关前街和草堆街；"会馆"则指三条街道的商行商人组成的议事场所。

营地大街、关前街与草堆街是澳门最初的商业中心，所有华人商贾全部集中在此经营贸易。为稳定商业秩序，三街商人需要经常聚在一起沟通商情、平抑物价。一开始，商人议事场所多选在庙宇中，后因多有不便，商贾们便设立了三街会馆，作为商人们议事的公所。当时，清政府多利用三街会馆发布公告，其后的澳葡政府也以会馆作为联系华人的唯一机关。

三街会馆的建筑规模不大，以砖木结构为主，屋顶为硬山式，为典型庙宇建筑，外壁上有砖雕、壁画装饰，屋脊上也有灰雕装饰。会馆入口旁有一座土地庙，为昔日该区坊社的社稷坛所在，砌筑的四脚亭上刻有"荣宁社"三个大字，配以对联"荣居康乐境，宁享太平年"。在三街会馆内亦保存有不少古碑、牌匾和楹联等古物。

之所以同时拥有"三街会馆"和"关帝庙"两个名称，与其本

三街会馆（澳门文化局供图）

身的发展历史有关。三街会馆具体始建年份暂未确定，一般认为其建于清雍正、乾隆（1723—1795）年间，建造目的在于为华商们提供一个结社集会的场所。在作为商业会馆时期，关帝已经在建筑内受到供奉，但主要作为华商群体在会馆内的信仰，并非建筑的主导功能。直到1913年澳门商会成立，该建筑的功能才发生了较大转变——原来的商业会馆功能逐渐淡化直至消失，最终演变为纯粹祭拜关帝的庙宇，并一直延续至今。

关羽，三国时期的蜀汉名将，与其相关的“过五关斩六将”“水淹七军”“千里走单骑”等故事为人们所熟知，其对结拜兄弟的忠义之情更是为人们所称颂。明清时期，中国工商业得到迅速发展，并形成了市民阶层。与农业不同，工商业经营需要开拓精神和合作意识，这正是关羽身上的典型特质，因此关羽在明清市民阶层中广受欢迎。明清时期来到澳门生活的民众，面对政府法制弱化、多种族人群共存的现实，更需要拼搏才能获得更好的社会地位。在此背景下，关羽所代表的“仁、义、智、勇”精神深受澳门华人社群的尊崇。关帝信仰在澳门得到广泛传播，关帝亦被奉为工商业的行业保护神。

澳门关帝信众甚多，供奉关帝为主神的庙宇有三街会馆、武帝庙、氹仔关帝殿等，不少家宅和店铺中也供奉关帝神像，香火鼎盛。昔日，关帝崇拜为国祀，礼仪隆重。现今，关帝诞活动的规模虽有所简化，但每年农历六月二十四日关帝诞时，许多供奉关帝的庙宇、神坛均会举办上香祭拜的仪式，供奉关帝为主神的庙宇还会举办醒狮、巡游、采青等多样活动。

莲峰庙

莲峰庙位于澳门提督马路与关闸横路交界处，始建于1592年，距今已有400多年的历史。莲峰庙，原名天妃庙，因供奉天后娘娘而得名。清代时曾多次翻修、扩建，形成今天的规模。清嘉庆（1796—1820）年间，香山知县许乃来手书门额“莲峰庙”，因此得名。

莲峰庙前临珠海，背倚莲峰山，占地辽阔，树影婆娑，庄严肃穆。整座庙宇横连三间，前后两进。首进是天后殿，供奉天后圣母；

二进为观音殿，供奉观音。正殿两侧分别为武帝殿和仁寿殿。此外，庙内还建有药王殿、吕祖殿、医灵殿、神农殿、沮诵殿及金花娘娘痘母殿。莲峰庙供奉观音、关公、天后、吕祖等多位神祇，集佛教、道教和民间信俗于一体，是实用主义的象征，更是澳门开放包容、兼收并蓄的生动体现。

莲峰庙内有清雍正元年（1723）鼎建纪事碑、嘉庆二十三年（1818）告示碑、光绪元年（1875）《乙亥年重修莲峰庙碑记》等碑刻文物。庙旁有一块刻有葡国盾徽的亚婆石，石上书有“1848”字样，为当年葡萄牙人占领关闸开辟马路时所置。庙内还有一座石荷池，夏季荷花盛开、莲叶满塘，香气沁人。

莲峰庙曾作为清政府赴澳公干官员的驻节公所，留下历史佳话。清道光十八年（1838），清政府委任林则徐到广州查禁鸦片。林则徐到达广州后，采用“劝诫兼施”的办法，仅用20多天就收缴鸦片两万多箱，并于虎门河滩悉数销毁。当时，澳门也是鸦片集散地。18世纪，随着澳门对外贸易式微，葡萄牙人为了挽回颓势开始向澳门贩运鸦片。《不列颠百科全书》“中国”条记载：“吸食鸦片当在吸食烟草之后……而第一次关于此种嗜好之记录，则始于1729年。尔时输入之鸦片，纯由葡萄牙人供给，其出口年约200箱。”1767年以后，葡萄牙人运入澳门的鸦片达到1000箱，澳门已成为鸦片走私市场。18世纪末期，鸦片走私贸易改由英国把持。据统计，仅1798—1839年的41年间，英国就向中国贩卖鸦片近42万箱，绝大多数都由澳门、广州运入。

关于林则徐禁烟，我们大多数人熟知广州的虎门销烟，并不知他与澳门的禁烟渊源。林则徐在广州禁绝鸦片的同时，也开展澳门禁烟。他首先发公函告知澳门军民和澳葡政府，尽数缴呈鸦片，并编查华夷户口，以便检查。1839年9月3日，林则徐在两广总督邓廷桢陪同下到澳门巡查。他们一行人巡查澳门主要街道，沿途抽查洋楼、民房，收缴鸦片，驱逐英国鸦片贩子。途经望厦村时，林则徐在莲峰庙接见当地官员“宣布恩威，申明禁令”。林则徐巡视途中，受到民众欢迎，大炮台、妈阁炮台、伯多禄炮台均在林则徐经过时放19响礼炮，表达最高敬意。

为了纪念林则徐到澳门禁烟，如今，庙前空地建有林则徐全身像，高三米，重五吨。1997年，庙中又修建林则徐纪念馆，用来颂扬林则徐不畏强权、英勇禁毒的爱国主义精神。林则徐纪念馆内藏有虎门销烟、林则徐与朝廷通信等文物和资料，还展示有清代中国军舰、葡萄牙航船、鸦片存放船等各种船只的模型，极具史料价值。

普济禅院

澳门有三大禅院，即妈阁庙、莲峰庙和普济禅院。普济禅院又称观音堂，坐落在澳门美副将大马路，背倚澳门半岛北部的望厦山。传说，普济禅院始建于明天启（1621—1627）年间，创院禅师是循智大师。几百年来，禅院经历了十多次的重修，是澳门三大禅院中规模最大的一处，也是保存较好的禅宗寺院之一。

普济禅院庙宇巍峨、建筑精美、庭院广阔，为三进式建筑。首进为大雄宝殿，其东西两侧有天后殿、地藏殿、关帝殿等建筑；二进为长寿佛殿；三进为观音殿。院后还有一座花园，草木茂盛、环境清幽，“澳门八景”中的“普济寻幽”指的就是这里。

普济禅院是澳门地区罕见的佛寺建筑群，具有典型的中式佛教寺庙形式。同时，普济禅院还是多元宗教共存的代表，寺庙内不仅供奉观音，还供奉关公、天后，甚至供有“洋罗汉”。“洋罗汉”是观音殿十八罗汉之一，鼻梁高耸、眼窝深凹，头发、胡须卷曲，为典型西方人外貌。传说这座“洋罗汉”是为纪念意大利旅行家马可·波罗在此学习佛理而修建。

普济禅院还与中国近代史上的一件重要历史事件有关。1844年7月3日，清政府两广总督耆英与美国特使凯莱布·顾盛在此签订了中美《望厦条约》。禅院东侧紧邻慧因大师纪念亭处有一石桌，即为签约之处。

中美《望厦条约》签订处

第一次鸦片战争爆发前，美国商人于1839年联合上书美国国会，建议美国联合英国、法国、荷兰等国对华采取一致的军事行动。鸦片战争结束后，清政府和英国于1842年签订了中英《南京条约》，被迫开设五个通商口岸。美国政府随即向清政府提出要求，声称：凡中国给予他国的利益，美国亦应一体均沾。1843年5月，美国派专使顾盛赴华谈判。顾盛于1844年2月率舰队抵达澳门，以外交讹诈和武力恫吓方式，迫使清政府派两广总督耆英为钦差大臣与其谈判并签订了中美《望厦条约》。该条约是中美之间第一个不平等条约。美国就此获取了侵害中国主权的领事裁判权，并获得“最惠国待遇”，享受中国给予其他国家的一切权利。同时，规定准许美国人在通商口岸租地建楼，设立教堂、医院，美国兵船可任意到中国沿海各港口“巡查贸易”。

大三巴牌坊

大三巴牌坊是澳门的标志性建筑物。我们在正门入口处的门楣上可以看到“MATER DEI”，意为“天主之母”，揭示着这块牌坊曾是圣保禄学院天主之母教堂的一部分。

1562年，耶稣会神父及修士来到澳门创建耶稣会在远东的传教基地。1594年，耶稣会创立圣保禄学院，这是中国境内第一所西式高等教育机构，主要培训赴日本及中国等地的传教士。学院教授东方语言、宗教及哲学，亦传授西方科学知识、音乐及艺术，为促进东西文化交流发挥了积极深远的影响。

天主之母教堂附属于圣保禄学院，由意大利籍耶稣会神父设计，经由日本工匠技术协助而建成。教堂融合了欧洲文艺复兴时期的建筑

大三巴牌坊

风格和东方的建筑特色，中西合璧，庄严宏伟，是当时东方最大的天主教堂，号称“东方梵蒂冈”。教堂先后于1595年和1601年两次毁于火灾。1602年，教堂再次重建，整个建筑工程于1637年至1640年间才完全竣工。1835年，一场大火烧毁了学院及其附属教堂，只剩下教堂前壁、大部分地基以及教堂前的石阶，成为今天所见的模样。前壁因为外形很像中国式牌坊，再加上“三巴”是葡文“圣保禄”的译音，前壁遗迹就成为大家熟知的“大三巴牌坊”。

大三巴牌坊高25.5米，宽23米，共分五层。牌坊顶端有一个十字架，从上往下，第一层为一个三角形山花，上面刻有一铜鸽，代表圣神，左右围有代表太阳、月亮、星辰的石刻，象征圣母童贞怀孕一刹那时光；第二层中间为耶稣圣婴雕像，其左上是“永恒之火”的雕像，右侧是“生命之树”的石刻；第三层中间是圣母雕像，两旁有数名天使及牡丹（代表中国）和菊花（代表日本）环绕；第四层装饰有玫瑰花和棕榈树浮雕，壁龛中供奉着四位圣人像；第五层为牌坊的最底层，有教堂的三个入口，门上刻着“天主之母”和“耶稣”的拉丁文字样。此外，无论是牌坊顶端直立的十字架，还是其下的圣母和圣婴刻像等，都充满着浓厚的天主教宗教元素。

大三巴牌坊最独特的地方，就是整个建筑风格为巴洛克式，但一些设计或雕刻兼有明显的东方色彩。例如，牌坊中间一层两边各刻有中文字——“圣母踏龙头”“念死者，无为罪”，同时相对于欧洲教堂建筑上的人物形象，大三巴牌坊则采用了中国憨态可掬的石狮子以及中国人熟悉喜爱的牡丹等图案，体现了天主教适应中华文化的过程。

1835年学院大火，教堂夷为平地，教堂后方区域被改为坟地，澳门“城”外的旧西洋坟场完成后，一直空置。1988年以来，澳葡政府对圣保禄学院遗址进行了多次考古发掘，发现了圣保禄学院东部倚靠大炮台坡地的建筑结构遗迹。1990年至1996年间，圣保禄大教堂遗址的考古、修复和再利用工程取得重大进展。1990年，考古发现了教堂地基，为彰显区域原有功能，澳葡政府决定修建博物馆和墓室。1995年，考古人员发现了圣保禄学院建筑遗迹，包括庭院、走廊、祈祷室、排水沟和护墙等结构，并发掘出土了明末清初的陶瓷器、清代的钱币等。1996年，在昔日圣保禄大教堂主祭坛的位置，建造了墓室和天主教艺术博物馆，并于1996年10月23日落成揭幕。博物馆主要展出澳门多间教堂和修院收藏的天主教艺术精品，包括油画、圣像雕塑、礼拜器物等，其中《圣弥额尔大天神》尤为珍贵，是圣保禄学院唯一留存的油画艺术品。墓室中央为一座花岗岩墓穴遗址，墓主身份猜测是圣保禄学院创始人范礼安神父，墓室两侧安放着日本和越南殉道者遗骨。

自17世纪开始，在长达三个世纪的时间内，澳门一直作为天主教在远东的传教中心，而圣保禄学院又是早期传教活动的重要地点，因此天主教艺术博物馆与墓室，以及所在的圣保禄大教堂遗址（大三巴牌坊）成为展现天主教在澳门历史活动的重要遗存，具有突出价值。

在2010年至2012年期间，澳门文化局委托考古机构，在曾经属于圣保禄学院范围的高原街16—22号开展前后共四期的考古发掘工作，并于高原街20号发现平面略呈圆形的竖井式大型基岩坑遗迹。坑内出土了大量陶瓷器残片、建筑构件等考古遗物，包括纹饰题材多样的青花瓷碗、盘、碟、瓶、罐、壶、洗等。此外，坑内还出土了酱釉陶罐、黄绿釉陶罐、青釉陶碗等陶器，以及滴水板瓦、花卉纹瓦当、垫饼、海月片制品等。考古学者经过比对分析后判断，堆积内的出土物年代集中于明末清初时期。比较特别的是，坑内出土的大量以开光图案为特征的克拉克外销瓷，说明以前不少外销瓷是由内地输往澳门，再由澳门销往海外，实证了澳门作为当时东西方海上贸易的重要中转港和贸易节点的地位。考古发掘完成后，澳门文化局于2021年在高原街大坑遗迹及周边设立保护和展示区，并向公众开放参观。

经过考古发掘，还发现了多处圣保禄学院围墙遗址。1995年，考古工作人员发现部分围墙遗迹，包括位于茨林围的两段以及蔡记里的一段夯土墙等。茨林围北侧的一段夯土墙大致呈东西走向，残长135.2米，属于圣保禄学院北围墙；茨林围西侧的一段夯土墙，大致呈东北至西南走向，残长6米，属于圣保禄学院西围墙。蔡记里的一段夯土墙，大致呈东北西南走向，残长约20米，可在紧邻的利玛窦中学（中学部）内一窥全貌。该夯土墙上尚存已封堵的门洞，属于圣保禄学院南围墙。

2010年5月，在高原街35号房屋拆除工程开展期间，于地下又发现了圣保禄学院围墙遗迹。该遗迹为夯土墙结构，大致呈南北走向。已发现露出地面的部分长约15.6米，墙体西侧保存较好，东侧南部局部被破坏。圣保禄学院围墙遗迹的发现，为了解学院的布局、边界、范围等提供了重要的研究价值，也见证着澳门城市边界地区的发展变化过程。

在澳门，除了大三巴，还有小三巴，即圣若瑟修院及圣堂，这两者都是天主教修院及其附属教堂的组合。自1728年创办，在200多年的办学过程中，圣若瑟修院为中国和东南亚地区各地教会培养了众多人才，因此也被老一辈澳门人称为澳门天主教的“少林寺”。

圣若瑟修院大楼建筑纯朴简洁，以青砖为材料。房间门窗均为半圆拱状，各层房间由既长且宽的走廊贯连。大楼屋顶为中式瓦顶，杉

圣若瑟修院大楼及圣堂（澳门文化局供图）

木梁直接架在墙体上。与修院大楼不同，圣堂建筑为华丽的巴洛克风格。圣堂兴建于1746年，1758年建成，是仅次于圣保禄教堂的第二大教堂，因此也被称为“三巴仔”。圣堂内现存圣方济各·沙勿略的手肱骨，供教徒敬礼，还有记录修建日期和人员的铜牌。有趣的是，铜牌背后还有一行汉字：“乾隆壹拾壹年捌月贰拾陆日”。

圣安多尼教堂

圣安多尼教堂，为澳门三大古教堂（圣安多尼教堂、圣老楞佐教堂、望德堂）之一，周边为葡萄牙人在澳门最早的居住区。圣安多尼教堂位于澳门半岛西北部的白鸽巢前地，1558—1560年初建时，仅用茅草和竹棚搭建，是耶稣会士最初在澳门的落脚之地。1638年用石材进行重建，但其后又因屡遭火灾而多次重修。1874年，圣安多尼教堂的火灾还形成了“天灾节”。

“天灾节”到底是怎么形成的呢？据说1874年9月22日午夜，台风突袭澳门，由于那时尚未有天气预告，居民毫无防范，遭受重灾。当时，风势猛烈，市内很多低檐矮屋、残旧楼房立时被摧毁；而海面上亦是巨浪翻腾，不少船艇沉没，民众死伤无数。

当时，沙梨头还是海浸之地，由于海潮高涨、波涛汹涌，住在海边的居民恐遭不测，纷纷奔上白鸽巢山高处暂避。在今工人康乐馆附近有一座木桥，可通向白鸽巢山，然而木桥当晚被巨浪冲毁，不少逃生者摸黑而行，坠入水中溺亡。在风暴中，白鸽巢前地的圣安多尼教堂遭雷起火，屋顶及门窗付诸一炬，只余残垣断壁。但是，因圣安多尼教堂火光烛天，逃出者借此光亮，发觉木桥已毁，选择绕道登山。事后，捞获浮尸82具，草葬于沙岗，后因修建街道，将义坟迁葬至观音堂后山，至今仍在。翌年，被焚的圣安多尼教堂得到重建。为了纪念澳门这次损失惨重的风灾，教徒遂定9月22日为“天灾节”。现在，每年“天灾节”，市民都会从教堂中请出圣安多尼像进行游行。

圣安多尼教堂在1874年的风灾中遭受到了严重的损毁，从历史照片中可见，当时只剩下建筑物的外墙。整座教堂在灾后得到了大规模的重建，如今我们看到的圣安多尼教堂是1875年重修后的模样。在圣安多尼教堂门前的石碑上，以葡萄牙文记载着教堂数次损毁与重建的历史。

圣安多尼教堂坐落于一处高地上，各街巷通向此教堂的方向均为上斜坡，且其前地也坐落于台阶上。我们站在教堂前向西看，能够看到一条向下走的马路，可以直通向内港。其实，当初建造圣安多尼教堂的时候，内港的海岸线离教堂的选址并不遥远，加上建于高地之上，从港口仰望教堂亦具有一定的地标性。

圣安多尼教堂具有新古典主义风格的正立面，里面顶部三角形山花中开有壁龛，安放着圣安多尼像。由于空间的局促，只能建造一座高22米的钟楼，造成了不对称的立面形象。教堂主体为巴西利卡式长方形大厅，室内顶高15米，无柱廊，视野开阔。室内以黄色及白色等暖色为主色调，采用木构拱顶，其上为砖制坡形屋顶。室内有1875年重建遗留至今的巴洛克式祭坛，其顶部山花断裂扭曲，加之其下柱顶线脚层叠扭曲，形成富于变化的形象，上有耶稣会IHS标志。教堂被围墙环绕，围墙边缘处有一座十字架，于1638年起立，是教堂最古老的遗存。

教堂主保（即守护圣人）为圣安多尼，圣安多尼的圣像被供奉在一处专门小堂中。因圣安多尼为婚姻主保，因此该教堂成为在澳葡人举行婚礼的主要场所。举行婚礼时，宾朋身着白袍、手持花枝，故华人将教堂俗称为“花王堂”。《澳门记略》中记载：“北隅一庙，凡蕃人男女相悦，诣神盟誓毕，僧为卜吉完聚，名曰花王庙。”

圣老楞佐教堂

圣老楞佐教堂是澳门最早建立的三座教堂之一，坐落在临近南湾的一个高地上，曾经是澳门半岛天际线上的地标之一。华人称之为“风信堂”，又因粤语谐音称为“风顺堂”，寓意祈求“风调雨顺”。

在风力为动力的航海时代，远洋航行充满危险，因此葡萄牙人昔日都以风信判断是否出海。由于圣老楞佐教堂矗立在高台之上，昔日教堂前方景观开阔，可以直接远望海岸，不少葡萄牙水手的家人经常到该教堂，既可远观是否有商船归来，亦会祈求顺风顺水，如《澳门记略》载：“西南则有风信庙，蕃舶既出，室人日跂其归，祈风信于此。”清代龚翔麟在《珠江奉使记》中对葡人的祈风之举也有详尽的描述：“蕃舶之出以冬月，冬月多北风；其来以四五月，多南风。既出，则澳中黑白鬼一空。计期当返，则妇孺遶屋号吁，以祈南风，亦辄有验者。其舵工素与海习，虽卒遇飓母浮椒，亦万不一失云。”在澳门，为祈求出海平安，华人建立妈阁庙，葡人建立圣老楞佐教堂，中西两种信仰、建筑在此共生共荣，这就是澳门城市的魅力。

圣老楞佐教堂内供奉着身穿衣袍、右手持圣经、左手持法杖的圣老楞佐，葡萄牙人认为他是庇护平安的海神。据史料记载，教堂内供奉的老楞佐生活于3世纪。他在天主教任职，负责掌管教会财产和救济穷人的工作。3世纪时，教会受到罗马皇帝迫害，要求教会上交财产，老楞佐带来由教会维持生活的乞丐、病人和残疾人等，并说他们就是教会的财产。罗马皇帝认为自己的权威受到挑战，命人拷打老楞

圣老楞佐教堂（澳门文化局供图）

佐，还把他放火上烤。最终，老楞佐在经历酷刑后牺牲了性命。

圣老楞佐教堂所在地区曾为高级住宅区，因此教堂建筑修建同样华丽巍峨。圣老楞佐教堂始建于16世纪中叶，后几经重建，现在我们见到的建筑是1844年改建后的模样。教堂建筑带有新古典主义风格特征，平面呈拉丁十字形，中间的主厅呈矩形，无柱廊分隔，并覆盖木质拱顶。主厅两侧设有多个小祭坛，端部的主祭坛和两臂的小礼拜室都是半圆形的空间。主祭坛以彩色玻璃窗为背景，并以密集的科林斯壁柱作装饰。

圣老楞佐教堂内保存着众多的彩色玻璃装饰，多以圣老楞佐生前的事迹为蓝本而制作。在阳光的照射下，彩色玻璃产生出色彩丰富的光影效果，使教堂空间更显神圣。教堂正面建有两座钟楼，一座是时钟，用于报时；另一座是铜钟，供教堂做弥撒时摇动震鸣。这种设计源自罗马风格，不仅增加了整个教堂的对称美感，更凸显了教堂庄严神圣的氛围。

此外，教堂内还收藏有许多宝贵的宗教文物，展示了教堂的悠久历史与丰富的文化底蕴。现在，每逢宗教节日，教堂都会举行弥撒、唱诗班等宗教活动，吸引大批信徒与游客前来参观和感受这份独特的文化韵味。

澳门三大教堂，除了圣安东尼教堂、圣老楞佐教堂，另外一个便是望德堂，又称圣拉匝禄堂。昔日教堂后侧曾设有麻风病院，故也有人将教堂称作“疯堂庙”。望德堂建造于16世纪，距今已有400多年的历史，是澳门教区成立后的首座主教教堂。每逢新任主教到澳门就职，必先到望德堂领取法杖，以行使其权责。因此，望德堂在澳门天主教人士中享有崇高的地位。望德堂的建筑构造最早为木板加茅草屋顶，16世纪末改为砖石结构、人字形屋顶的两层楼建筑。其后，教堂经过多次修葺和重建。例如，如今的望德堂大体为1885年重建的规模，教堂前的石米批荡则为1957年重修时铺设的。

郑家大屋

郑家大屋是澳门现存面积最大的民居建筑群，由清末维新派代表人物郑观应之父郑文瑞始建，后来郑观应兄弟在建筑周边陆续兴建家宅而形成。郑观应是近代思想家，他提出了著名的“商战”理论。中日甲午战争后的“救世良药”——《盛世危言》便是他在郑家大屋写成的。清光绪皇帝阅读过这部以富国强兵为主题的辉煌巨著，并将其推荐给群臣阅读。

郑家大屋为一座院落式大宅，是澳门唯一的“荣禄大夫第”。郑家大屋坐落于西望洋山西北面的坡地上，原可望见内港，视野开阔，其周围是极具南欧风情的亚婆井前地。郑家大屋的入口门楼十分低调，没有面向大马路，也没有门匾说明大宅的身份。从入口门楼进入大屋，眼前豁然开朗，登上主房区的二层，倚窗而望，或可想象当年只要推开窗户，即可把开阔的内港风光尽收眼底。

郑家大屋占地面积约4000平方米，纵深达120多米，院内建筑顺序依次为大门、辅助房区、门楼及门楼后由两座岭南传统院落式建筑组成的主房区。房区之间有宽长的通道和内院相连，门楼将主次建筑隔开，秩序井然。主房区南面原有一座花园及若干建筑物，可惜后来出售改建为民宅。大屋虽主要以中国岭南建筑形制构建，却有别于一般中式民居建筑，特别是将抬梁式主厅置于二楼位置的做法极其少见。此外，室内天花泥塑图案，门楣、窗楣的式样，以及外墙抹灰等建筑细节，均体现了外来文化的影响。整个建筑群雕刻精美，布局、装饰和建筑材料的运用等都是中西合璧建筑风格的极致体现。

提到郑家大屋，就不得不提及其修复工程。郑家大屋的修复工程，创下了多项澳门文物建筑修复史之最：时间最长——历时八年，规模最大——占地面积约4000平方米，难度最大——约4000平方米的建筑处处残破。可以说，在其他建筑修复中遇到的困难，在修复郑家大屋的过程中都遇到了。在郑家大屋入口处的墙上有一个灰塑门官，在修复入口神龛门官的过程中，修复人员发现门官上有18个颜色层，即旧时曾进行过不少于17次的翻新。

从20世纪中叶起，郑家后人散居各地，郑家大屋中的许多空间被出租，一度出现“七十二家房客”的景象。分租时期，曾经容纳超过300人同时在内生活。建筑多处被改建或者加建，加上长期缺乏维护和保养，许多珍贵的文物惨遭掠夺，自然风化、火灾、台风、蚁害等导致建筑物局部几近坍塌。2001年，澳门特区政府取得业权后，看到郑家大屋80%以上的地方都有不同程度的损毁。

郑家大屋的主体余庆堂后厅，有12扇屏风组成的折线形寿屏，

郑家大屋修复前（澳门文化局供图）

这是岭南精美的木雕工艺作品，也是整座郑家大屋现存最为华丽的木雕。建筑中最具岭南民居特色的装饰当数蚝壳窗。蚝壳窗是将打磨成半透明薄片状的海洋贝类壳片镶嵌在木框上加工制作而成的窗户，在光线下折射出七彩光华，而且冬暖夏凉，为岭南沿海一带具有地域性文化特色的传统建筑装饰。

对于郑家大屋的了解和保护，既让我们感受到澳门居民建筑的艺术之美，也让我们明白了文物建筑的脆弱性。其衰朽虽有“年纪老迈”的原因，但缺少关注和保养才是主因。修复一座文物建筑要比新建一座建筑困难得多，因为每一步操作都可能造成不可逆的伤害，所以对相关修复人员的技术水平要求极高：既需对传统技术有充分认识，也需对现代建造技术有充分理解。

郑家大屋的修复工作可以说是文化遗产保护的优秀案例，值得广泛学习。在修复工程展开前，修复人员首先清理堆积如山的垃圾，在垃圾中小心筛选，找回许多缺失的建筑构件、生活用具和器皿，这有助于进一步了解建筑物原状。昔日，郑家大屋不仅作为租客的家，还有很多人在这里开展炮竹业、火柴业、神香业劳作，甚至郑家大屋里曾经还有一个胡椒粉厂。这些都是一个历史时期的社会缩影，保留有生活的记忆，因此在修复郑家大屋时，刻意保留了一些那个年代、那些人留下的印记。澳门居民以及海外华侨还发起了一场运动，呼吁归还或捐赠有关郑观应生活工作的散落物品及有价值的文物，以完成对郑家大屋的修复。

文昌厅为旧时郑氏族人读书的场所，厅堂外通过月洞门可前往大花园。现在经过修复之后，文昌厅主要用于展览郑观应的生平事迹。

月洞门两侧有对联装饰，上联为“现阴阳而合□”，下联为“借楼阁以撑天”，横批为“琴棋书画”。上联最后一个字缺失无法考证，但能从对联意境窥探出主人对后代子孙读书考取功名的殷切希冀。上联本来是缺两个字，即“现阴阳而□□”，后来，一张澳门回归前拍摄的照片中显示倒数第二个字是“合”字，修复人员便按照片重塑了“合”字。至于最后一个字是什么，现在还没有明确的证据。有人说最后的一个字是“一”字，因郑观应信奉道教，而阴阳合一的思想为

郑家大屋修复后（澳门文化局供图）

道教所推崇；也有人说是“地”字，下联是“借楼阁以撑天”，“地”与“天”对仗，似乎也有道理。但由于没有实物证据，最终修复人员选择了留白处理。这为人们留下了一点遐想的空间，也是保持遗产真实性最好的方式。真实性原则不是要求修复还原建筑的初始模样，而是要保留时间经过的全过程，让建筑更有历史的厚度，更具趣味性，更有故事性。

2010年2月5日，修复后的郑家大屋正式对外开放。当天吸引了大批市民前来，听说许多是曾经的房客，大家都兴奋无比，可见民众对郑家大屋的关注。从他们的交谈中得悉，郑家大屋于他们而言既熟悉又陌生。他们居住时郑家大屋是残破和零乱的，许多地方更是神秘不可靠近；而修缮后的郑家大屋得以还原真实的空间特色，让大家切身感受到了郑家大屋的建筑及空间之美。

卢家大屋

卢家大屋位于澳门大堂区大堂巷七号，为澳门著名商人卢华绍（卢九）家族的旧居。据屋内左次间天井檐口的题诗年份显示，卢家大屋约建于清光绪十五年（1889）。卢华绍，小名卢耇，故也被称作卢九，祖籍广东新会，约于咸丰六年（1856）移居澳门，后主要经营钱庄、白鸽票，是澳门第一代赌王。澳门有一条卢九街，即为纪念卢华绍而命名。

卢家大屋位于大炮台山东南的北坡地上，沿大堂巷往上即为大庙顶（今称大堂前地）及圣母诞辰主教座堂，距离市政署大楼约180米，地理位置优越。卢家大屋仿照典型的岭南建筑西关大屋建造。西关大屋是中国广东省广州市最具本土特色的民居，主要特点为青砖石脚、砖木结构、三间两廊，辅以广州传统精美的装饰雕刻等。西关大屋大部分建筑在中华民国时期和中华人民共和国成立后被拆除，澳门的卢家大屋是目前中国保存最完好、最纯正的西关大屋式建筑，其蕴含的文化内涵和重要价值不言而喻。

卢家大屋建筑为三开间三进上下两层的格局，包括厅、房、厨房、杂物房、天井等。建筑外墙以水磨青砖砌成，因为技术烦琐、要求极高，老百姓称这类墙是用银圆磨出来的。建筑内布置多个天井，便于通风和采光；整个中轴线上空间通透，又有屏风隔断。

说起卢家大屋，不得不提及其建筑装饰——融合中西方装饰材料和手法，既有粤中地区常见的砖雕、灰塑、横披、挂落、蚝壳窗，又有西式的假天花、满洲窗、铸铁栏杆，中西两种特色装饰共冶一炉，饶有趣味。被称为“融合中西方建筑艺术的一朵奇葩”的满洲窗遍及卢家大屋。岭南地区的满洲窗保留了原有大面积开窗的特色，同时融入西洋文化中的彩色玻璃，丰富着卢家大屋的颜色。卢家大屋正立面窗户全为葡式百叶窗，其中以上方左右两扇百叶窗最为精美，窗扇以金属包角，窗上加有半圆形彩色玻璃窗，玻璃窗上还有灰塑装饰。

灰塑是岭南地区传统建筑中常见的装饰构件，主要用于门额窗框、山墙顶端、屋檐瓦脊和亭台牌坊的装饰。灰塑的材料以石灰为主，在民间也被称为“灰雕”“灰批”。灰塑有一整套独特的工艺技法，具有耐酸、耐碱、耐温的优点，非常适合岭南一带的湿热气候条件。此外，灰塑不需烧制，可现场施工，具有因地制宜、因材施艺的灵活性和便利性。

卢家大屋的灰塑种类繁多、内容丰富，门上、屋檐下都是一幅幅具有不同寓意的立体画面，构成了一组丰富多彩的露天艺术长廊。南次间顶部的“瓜态绵绵”是卢家大屋中最大的一幅着彩灰雕，宽约3.9米、高约1.6米，以红、绿、白为主色调。中间直径1米的中心圆是山水人物画，内容为渔、樵、耕、读四组连图。图画以外的灰雕衬画，

卢家大屋（新华社供图）

不同瓜果、飞禽融入四周，寓意“多子多孙”。南壁灰雕中部为“生寿棉棉”，图中有一对丹顶鹤分别立于岩石和劲松上，代表长寿；八只喜鹊和木棉寓意“绵绵不断”；四季花、梅花、松柏形态立体，工艺精美。

灯影，是灰塑的另一种发展之美，指门上方的灰塑装饰。例如，卢家大屋书房的灯影月形花脊上布满四季花、枇杷果，内陷弧线有贴上小镜片的，也有镂雕的，重复雕刻在半圆形的欧式花脊上。灰雕内容有“四季平安”“福寿双全”等。“莲科鼎甲”“白头富贵”是通往三进次间左右偏房的灯影。其中“莲科鼎甲”灯影，半月形图案里有三只蓝翡翠鸟、两只青蛙、芦华和莲叶，寓意“科科中举”。“白头富贵”灯影，雕塑水果、芙蓉花，树枝上应为白头鸟。下方左右对称的两个红色狮子象征“事事如意”。

卢家大屋既反映了澳门特有的中西建筑风格合璧的民居特点，同时其精美装饰、建筑布局又反映了特定时期的建筑风格与地域文化，极具建筑与艺术价值。1976年，卢家大屋被澳葡政府宣布为“构成代表澳门历史文物的孤立屋宇或屋宇遗迹”之一。1992年，卢家大屋被评为“具建筑艺术价值之建筑物”。2001年，卢家大屋的业权移交政府机构后开始进行维修；2002年，维修完毕后对外开放。

如今，卢家大屋向社会公众开放参观，住宅内遍布着对每个空间的介绍，游客通过手机扫码即可享受图、文、说三种方式的解说。另外，房间内还有两处电子屏，内置小游戏，通过旧画面拼图和人像连连看的玩法，每通过一关，便会浮现相关场景或者人物的文字介绍，通俗易懂、妙趣横生。每逢周末或是法定假日，导游还会轮班值守，根据时段、人数分流，为游客提供更为详细的介绍和解说。

卢家大屋也是一些文化艺术活动的举办场所，这里经常展示非物质文化遗产、中国传统民间工艺；也常常作为交流、演出的活动空间。例如，澳门中乐团曾在此举办过多场小型音乐会，江苏南京剪纸及秦淮灯彩也曾于春节期间在此进行展示，既弘扬澳门本土文化，也积极推崇中国内地的优秀文化，有利于不断增强人们的文化自信。

叶挺将军故居

叶挺将军故居位于贾伯乐提督街76号，始建的年份约为1920年，房屋原是叶挺夫人李秀文的嫁妆。1932年至1942年，叶挺一家曾在此居住生活。叶挺的九个子女中，有七个都出生于此，童年也大都在此度过。这里是叶挺将军及其家人在澳门生活的见证和回忆。

叶挺将军故居是一座两层高的西式住宅，建筑面积约180平方米，由两部分组成——前园与两层高的西式建筑物。前园与主建筑呈“日”字形，其中前园平面呈正方形，为露天空间，其设计元素包括围墙样式、窗花、植被、鱼池、榕树等。建筑外观的特点是闸门不在中轴线上，而是稍微偏西南，建筑正门亦稍偏西南，与前园闸门约处于同一轴线。一楼设有骑楼，与立面同宽，正立面和侧立面上分别设有四组、共16扇门或窗（百叶窗），讲究平衡对称。此外，建筑的山墙及女儿墙上都饰有几何图案。

叶挺将军故居

1941年，“皖南事变”爆发，叶挺将军被扣押。1942年，家人为陪伴叶挺将军离开澳门，后来因生活拮据，想变卖此宅。澳门特别行政区第一、二任行政长官何厚铧的父亲何贤，出于对叶挺将军的崇敬，用高出市场价格许多的价钱买下了此宅，并于1948年将该宅的产权赠送给澳门妇联。后来，澳门妇联将此宅无条件租借给学联作为会址。20世纪80年代末，学联有了新会址后，正式把该宅还给妇联，并改作托儿所。

2006年，叶挺将军诞辰110周年暨殉难60周年，为缅怀叶挺将军的丰功伟绩，在澳门特区政府的主导下，澳门文化局对故居进行了修缮。修缮前，故居建筑的木梁构件已经破损变形，屋顶瓦脊也出现开裂现象，并且墙体存在严重渗漏情况。这些问题在修缮中都得到解决，建筑的结构安全得到了保证。同期，澳门文化局还开展了与建筑相关的展品搜集与研究工作，将故居辟为公共展览空间，并于2014年5月正式对外开放。

如今，故居地面层展厅主要用于还原展示叶挺将军一家的家居布局，还设置了前言厅和客饭厅；楼上设置三个主题展室，分别展示叶挺将军的事迹、家庭生活和故居故事，重现叶挺将军与家人在故居的生活面貌。叶挺将军故居为后人留住了珍贵回忆，也是澳门市民了解国家近代历史的重要途径，为爱国主义教育提供了真实的内容和实物载体。

国父纪念馆

澳门著名的名人故居还有国父纪念馆，即孙中山先生故居。国父纪念馆位于澳门文第士街，该馆原建筑建于1918年，由孙中山策划，其兄孙眉斥资兴建。原为孙中山及其家人的寓所，孙中山原配夫人卢慕贞一直在此居住。1958年，故居重修后更名为国父纪念馆，并由著名书法家于右任题写横匾——“国父纪念馆”。

国父纪念馆为一幢三层高五开间的伊斯兰教摩尔式建筑。1930年8月，原建筑因受火药库爆炸波及损毁严重，后经重建形成现貌。建筑外形典雅，外绕以短墙，左侧辟有一个小花园，孙中山生前喜欢在

国父纪念馆

此休憩。如今，花园里面矗立有一尊国父的全身铜像及“天下为公”四个大字。馆内的装修保留原貌，陈设有孙中山在广州任大元帅时所用的文物家具、在澳门行医时所用的器皿实物，以及一些照片、手稿等资料，是孙中山在澳门活动的重要实物遗存。

孙中山与澳门有着深厚的渊源，他的故乡位于广东省香山县，而澳门历史上也隶属于香山县，两者地理位置临近。孙中山的父亲早年曾在澳门当鞋匠，少年时的孙中山曾多次来到澳门。后来，他在檀香山、香港求学期间，澳门都是其返乡必经之路。

作为中西方交流的前沿，澳门是西学东渐和东方文化向西方传播的重要阵地，文化思想自由的氛围使这里汇集了大量的知识分子和民主人士。康有为、梁启超等维新派人士就曾在澳门开办学校、进行革命活动。当时的澳门民主自由思想活跃，华商和知识分子多心怀救国、救民的理想。

中学毕业后，孙中山开始学医之路。1886年就读于广州南华医学堂，1887年进入香港西医书院就读。在读书期间，澳门是孙中山与好友聚会议事的地方。他们在这里抨击时弊，谋求革命救国。前面我们曾提到郑观应先生，他在《盛世危言》中也收录了孙中山所写的《农功》一文。

1892年，孙中山从香港西医书院毕业，受澳门友人邀请，来澳门镜湖医院行医，成为澳门首位华人西医。在用医学救助病患的过程中，他深感“医病不如医人”。1890年，孙中山就曾书写《致郑藻如书》，表达了兴农桑、禁鸦片、办学校等政治思想。后来，他又积极参与创办《镜海丛报》，进行革命宣传。1894年，孙中山离开澳门，同年冬天，他在檀香山建立兴中会。1895年，兴中会澳门分会成立。虽然孙中山在澳门行医、革命的时间只有一年，但在这期间，他的思想从改良救国转变为通过革命推翻封建统治。孙中山也曾说过，他的民主革命思想正是在澳门形成的。

1895年，孙中山发动广州起义。起义失败后，他回到澳门躲避追捕，并在澳门友人的帮助下去往日本。1905年，同盟会成立，孙中山派人在广州、香港、澳门开展活动，同盟会在澳门的联络地点就在白鸽巢由义巷11号。澳门同盟会开展了大量宣传、筹款等活动，助力辛亥革命。辛亥革命后，因内地军阀混战，大量内地居民来澳门避难，为澳门带来了大量廉价劳动力，澳门的贸易和手工业得到迅速发展，尤其是产生了炮竹、火柴、神香三大手工业。澳门也是孙中山“反袁讨龙”的重要阵地。1912年和1913年，孙中山两次访问澳门。1914年，他又将朱执信派往澳门，负责领导讨伐袁世凯的运动。

澳门是孙中山革命生涯开始的第一站，也是其开展革命活动的重要阵地。除此之外，孙中山的哥哥孙眉、原配夫人卢慕贞、长女孙娫、幼女孙琬均先后居住在澳门，与澳门渊源深厚。同样，澳门人民对孙中山先生也充满了敬意和思念。1925年3月25日，孙中山在北京逝世。澳门镜湖医院内举行了追思会，当时澳门总人口约10万人，超两万人参加了追思会。1986年，应民众要求，澳门邮电司发行了孙中山纪念邮票。澳门最悠久的火柴厂也曾把孙中山头像印在火柴盒上。澳门回归前，澳督府发行的10元纸币上，也印有国父纪念馆的图案。

如今澳门半岛有三座孙中山全身铜像，分别位于镜湖医院、纪念孙中山市政公园和国父纪念馆。另外，澳门还有许多以孙中山命名的地方，如孙中山纪念公园、逸仙马路、孙中山纪念学校等，用来纪念和弘扬孙中山先生“博爱”“天下为公”的崇高理想。

城墙遗址

城墙是一个城市的边界，更是一个城市发展的象征。在拥有400多年中西文化交流史的澳门，城墙遗址是其文化遗产中必不可少的重要组成部分。

16世纪中期，为了抵御海盗，澳门开始兴建城墙。明清年间，高澜岛、横琴岛等澳门周边海岛有众多海盗聚集，民众苦不堪言。面对海防的压力，明清政府均采用过“以夷制盗”的策略，动用香山县管制之下的澳门葡人武装力量，协助中国政府军队围剿海盗。1568年，海盗曾一度攻打澳门，为防御海盗侵袭，葡萄牙人开始围绕登陆澳门后的定居地修筑城墙。

16世纪中期至17世纪，葡萄牙人逐渐在东非到日本的广阔领域建立起强大的海上势力范围。因贸易需要，葡萄牙人在澳门不断以建筑和城墙扩大用地范围。17世纪以后，随着荷兰、英国等国家逐渐崛起，西班牙和葡萄牙的海上霸主地位被撼动。为了拓展与中国的贸易并趁势打压西班牙和葡萄牙在远东的贸易体系，荷兰人确立了争夺澳门的战略。

居澳葡人为抗击荷兰人，再次大规模修建城墙。1632年前后，澳门形成完整的城墙和炮台城防体系。

根据1632年的澳门地图可知，城墙所围合的范围位于今日澳门半岛的中南部。大致以大炮台为基点，分别向东西伸展，再沿海依山而下，直达澳门半岛的最南部，即妈阁炮台一带，将葡人居住范围基本围合起来。城墙具体走向西起海边至沙梨头，向南至大三巴东高地上的大炮台，继续向东到山顶的仁伯爵炮台；城墙从仁伯爵炮台又南折沿海滨至加思栏，继续向南至西望洋炮台、烧灰炉炮台，最后至妈阁炮台。

炮台和城墙紧密结合形成了澳门的军事防御体系，城墙将各个炮台联结成整体，构成了一道由人工构造物营造而成的文化景观。古代澳门的山体大体接邻海岸线，故城墙也多依山体而建，以守卫澳门的海岸线。城墙的布局及营造逻辑是依据昔日澳门的自然与人文环境做出规划的结果，对延续社会的集体回忆、显示澳门独特的文化身份具有重要的意义。

城墙不仅是一项重要的军事工程，也是一项重要的城市建设工程。17世纪时，城墙以内是葡人聚居区，城墙以外是华人聚居区，葡人社会与华人社会因城墙有了明确的界线，城墙内外的生活方式、建筑形态迥异。

葡萄牙人在澳门构筑的城墙不仅为了防御海盗和荷兰人入侵，也是与中国明清政府之间的暗战。1553年，葡萄牙人以晾晒货物为由登陆澳门，此时并没有实际的居住权。1557年，葡萄牙人获得明政府的批准定居澳门，葡萄牙人虽然住在这里，但是中国政府设有专门的官吏管理澳门，而且葡萄牙人要缴纳地租，象征着中国对澳门拥有主权。

葡萄牙人因贸易需求不断“筑台建城”，中国政府也多次勒令拆毁。1613年，明政府制定《海道禁约》，其中写道：“禁擅自兴作……此后敢有新建房屋，添造亭舍，擅兴一土一木，定行拆毁焚烧，仍加重罪。”明熹宗天启元年（1621），两广总督陈邦瞻命人拆毁葡人所筑青州城，“番亦不敢拒”。自此之后，葡萄牙人似乎有所收敛，澳门城墙的范围在很长一段时间里没有太大变化。直至1846年，澳门总督亚马留擅自修建从中部城墙到关闸的道路，形成对华人区的初步占领，后又武力占领关闸；1862年拆毁中部城墙，占领关闸以南的全部地区。这一时期，澳门城墙的功能开始转换，从“防御”转变为标识势力范围的“边界”，失去防御意义的部分便不可避免地先后被拆除。

2014年，我参加了澳门特区政府文化局组织的文化遗产考察，其中就包括加思栏马路、仁伯爵医院、西望洋山三段城墙遗迹。这三段城墙在1635年的《澳门平面图》上均有显示，是昔日葡萄牙人在澳门军事建设和防御工程的重要实物遗存，与澳门的众多历史事件，如17世纪荷兰人犯澳、19世纪葡人拓展居澳界址等有密切关系，为了解昔日葡人军事文化和建城理念提供了实物资料。

但当时的城墙保护状况堪忧。加思栏马路段城墙遗址因树根渗入墙身及风雨侵蚀，导致约十米长的表层墙体倒塌。仁伯爵医院段城墙遗址，墙体受到严重破坏，仅残余一小段墙体。西望洋山一段城墙遗址，墙体受到寄生植物的树根入侵，墙体表面则因受到风化破坏严重。这些城墙遗址是生活方式或历史史实的特殊见证，应给予保护。

澳门城墙是城市发展历史的重要见证，然而遗憾的是，城墙实体残存的数量已经很少，仅保留有茨林围城墙、仁伯爵医院城墙、东望洋新街城墙、西望洋山城墙等几处小规模的墙体。总体来看，明清时期澳门城墙采用中式的夯土结构逐层敲打而成，夯土内还包含有石灰、稻草、泥沙等混合物。城墙遗址的保存受到环境条件、材料自身限制等因素的影响，例如潮湿的气候和台风暴雨天气的影响，这导致夯土城墙易出现寄生植物入侵、风化、裂缝、空鼓等问题，需要定期维护修复。

城墙遗址是澳门历史的见证，从城墙分布中，我们可以感受到澳门的动态历史，其中蕴含着葡人与海盗、荷兰人、明清政府等多方势力之间的长期博弈。同时，从作为防御设施分隔城墙内外，到城墙逐渐被拆毁中西融合，城墙遗址无声地诉说着那些消失在历史长河中的过往故事。因此，城墙遗址保护势在必行。

近些年，澳门文化局一直持续开展对夯土墙遗迹的常规性巡查、安全监测、成分分析、定期维护等工作，并不断扩大保护队伍范围，对遗迹进行科学检测和维护。2019年，同济大学历史建筑保护实验中心开始对大炮台的墙体进行修复，目前已完成了大炮台东墙及南墙的修复工作。2022年，澳门科技大学文物修复实验室对圣方济各斜巷一

圣方济各斜巷一段城墙遗址（澳门文化局供图）

段的城墙遗迹以及大三巴牌坊后侧两处夯土墙遗迹进行检查研究，工作人员利用红外线成像、激光扫描等手段，详细收集墙体数据，科学研判墙体病害，并据此制定修复方案，以实现精准施策。

大炮台

澳门的防御设施主要由城墙和炮台组成，且主要分布于制高点、入海口等地。澳门炮台数量之多，堪称中国之最，包括大炮台、西望洋炮台、烧灰炉炮台、沙梨头炮台、东望洋炮台、青洲山炮台、妈阁炮台、伯多禄炮台、马交石炮台、加思栏炮台、腊一炮台、氹仔炮台、路环炮台、望厦炮台等。

澳门炮台建造主要分为三个阶段：1622年之前，1622—1638年期间和1638年后。1622年之前，澳门防御设施主要为城墙，炮台较少。1595年，葡萄牙人在凤凰山（今白鸽巢）山坡上修建了澳门第一座炮台（沙梨头炮台前身），1568年在澳门建起第一道土城墙，由此形成了澳门城防系统的雏形。

澳门大部分炮台建立于1622—1638年，为了防御西班牙人、荷兰人登陆澳门而建造。1580年，西班牙攻陷里斯本合并葡萄牙，葡萄牙沦为西班牙藩属。1598年，西班牙派出军队入侵澳门，葡萄牙人展开激烈抵抗。随后，荷兰人也企图争夺澳门。

在这一时期，为加强防卫，澳门陆续新建了许多炮台，澳门城防结构、防御能力得到大幅提升。1622年，位于西望洋山南麓的伯多禄炮台建成，火力覆盖外港；1629年，妈阁炮台建成，其位于内港狭窄入口处，可以很好地控制海上活动，保卫内港；位于东望洋山附近的加思栏炮台也建于1629年，其射程可至氹仔，防御范围覆盖澳门半岛和氹仔间的区域……

1638年以后，澳门炮台建设陷入停顿。因为荷兰、葡萄牙等新的海上霸主崛起，葡萄牙的海上贸易受挫，防御体系也基本停滞。直到1840年鸦片战争以后，出于殖民统治的需要，葡萄牙人在澳门重修和重建了一批炮台，例如氹仔炮台、望厦炮台和马交石炮台。

与炮台相对应，澳门的大炮制作技术也曾繁荣发展。随着传教士的到来，大量西方的科学技术和思想文化经由澳门传播到中国内地。其中西方火炮技术的传入，为中国巩固边防、抵御海盗和殖民侵略做出了重要贡献。例如著名传教士汤若望、南怀仁都曾接受中国皇帝的指令监造大炮。

面对海盗的威胁，1557年，葡萄牙人在澳门开设了皇家造炮厂——卜加劳铸炮厂，使澳门成为当时远东最著名的铸炮基地。卜加劳铸炮厂位于西望洋山麓竹仔室村尾。该炮厂制造各式铜铁大炮，不仅满足澳门自身的防御需要，还向世界各国出售。中国借此引进火炮技术，并仿制改进制成铜铁复合大炮。这种复合火炮技术又反向输出葡萄牙、西班牙等欧洲国家。19世纪中叶以前，这种复合火炮技术是当时世界上的先进技术，在1626年的宁远之战、1627年的宁锦之战，清军攻打李自成大顺军、攻打扬州城等战争中，都发挥了巨大威力。19世纪工业革命之后，车床的应用使精密加工成为可能，传统铸炮工艺产品逐渐被淘汰，卜加劳铸炮厂最终成为历史的回忆。

在澳门的炮台防御体系中，大炮台最为著名，曾作为澳门2008年发行的“世界遗产”邮票的重要组成部分，向公众展示了它的形象和历史。

大炮台，原称圣保禄炮台，又称中央炮台、大三巴炮台。大炮台修建的最初目的是保护圣保禄教堂内的教士，属圣保禄学院和圣保禄教堂的一部分，后来逐渐演变为澳门的军事防御要塞。大炮台建于明万历四十五年（1617），1622年，在炮台尚未完全竣工的情况下，荷兰人对澳门发动进攻。大炮台发炮击中敌方军队，吹响了击退荷兰人

大炮台上的大炮遗存（澳门文化局供图）

的号角，葡萄牙人成功守卫了澳门。明天启六年（1626），大炮台最终建成。

大炮台坐落于澳门半岛中央，为主要制高点，可眺望澳门全景。大炮台占地面积约8000平方米，是当时防御系统的核心，设置多门大炮，形成了覆盖东西海岸的宽大炮火防御网。

在大炮台的正门上嵌有一块石浮雕碑，该碑上半部分是圣伯多禄像，下半部分是葡萄牙国徽，徽号下方有“Annodni 1626”字样。这些都透露着大炮台的历史资讯。整个城堡由边长约百米的不规则四边形城墙围合，具有西方星形城堡的外形和特点，四个墙角外突成为棱堡。炮台东北、西南及东南面墙身高约9米，建于3.7米宽的花岗石基础之上，往上收窄。墙身以夯土外包花岗石构造，以蚝壳粉作灰泥黏结剂，非常结实。子墙高约2米，支持架设30多门大炮。面向中国内地的西北墙身，子墙较矮，并且没有设置炮口，表明当时炮台的修建主要是防御海外，对内地友好。

1623年，时任澳门总督发现了大炮台的战略价值，将其从耶稣会会士手中抢夺过来。经过改造后，大炮台成为澳门总督官邸，一直持续到1740年。除了作为军事政治中心，大炮台也是举行重大仪式的地方。例如，1721年，清康熙皇帝赠予葡萄牙国王约翰五世的礼物运送到澳门，大炮台上礼炮齐鸣，盛大的接收仪式便在此举行；1735年，清雍正皇帝驾崩，大炮台上也举行了鸣枪报丧仪式。

1816年，隶属于葡萄牙王子的军队开始驻守大炮台，从此这里成为军营。到1965年之前，大炮台一直为澳门重要的军事要塞而长期列为军事禁区，直至1966年营房改建成气象台后对外开放为游览区。大炮台四周均置有巨型钢炮，古炮现在已失去军事作用，成为澳门的古旧文物和历史见证。

大炮台是澳门重要的历史文物，历来受到重视和保护。1976年，大炮台被澳葡政府以法令形式定为重要遗产；1984年，被列入澳葡政府整理的文化遗产清单，并被分类为“纪念物”。其后城墙经过多次修葺，包括1992年、1993年和1996年的除草、清洗和裂缝修补工作。1993年，澳葡政府计划设立澳门博物馆，博物馆旨在展示澳门特别行政区的历史和多元文化，最终选址于大炮台。1998年，澳门博物馆落成启用。

澳门博物馆主要由三个部分组成：行政大楼、大炮台回廊展厅和展览大楼。行政大楼主要有办公室、博物馆藏品仓库、修复室及演讲厅等。大炮台回廊展厅是一座回旋向上的观光式建筑，位于大炮台南门外，面积约400平方米，高三层，展厅本身的欧陆色彩和现代化的外形深具文化和艺术气息。同时，该回廊展厅串联塔石广场、望德堂区、大炮台、澳门博物馆、大三巴及议事亭前地，为市民和游客提供了一条景点密集的便捷化游览路线。回廊展厅还可供艺术和文化创意团体租借进行展览活动。自2005年4月30日启用以来，大炮台回廊已举办了多次艺术展览，受到市民和游客喜欢。这些都使大炮台回廊成为澳门城市潮流和文化新地标。

博物馆展览大楼高三层，总面积约2800平方米，其中两层建于大炮台平台之下，只有最上层由原气象台的地面建筑改建而成，最大限度地保留了大炮台原有的建筑风格和地貌特征。博物馆常设三个展览：一楼展区主要阐述了澳门的文明起源和沿革，内容涵盖澳门早期历史，华人与葡萄牙人在澳门贸易、宗教和文化方面的接触，以及数百年来逐渐形成的澳门文化；二楼展区从不同侧面展示澳门的传统文化，包括民间艺术、宗教仪式和民俗庆典，再现了昔日澳门民间生活的场景；三楼展区展示澳门的城市面貌和居民生活特色，同时展示以澳门为题材的文学作品和艺术品，以飨游客。

东望洋炮台

东望洋山是澳门半岛的最高山岗，于此远眺，澳门全景及珠江口的壮丽景色尽收眼底。

东望洋炮台位于东望洋山之巅，建于1622年，1637年扩建，翌年完成，有哨房、火药库、楼塔等，与大炮台和妈阁炮台组成一道坚固的外围军事防线。炮台占地面积地约800平方米，平面为不规则多边形，原来主要用于防御外来入侵和作为观察站。除数座炮台堡垒外，还有由四组隧道组成的防空洞。防空洞最长为456米，最短为47米，内有发电机、休息室、贮油池和登上灯塔炮台的升降机等设备。东望洋炮台建成后被列为军事禁区，未经批准不得进入。直至1976年，葡萄牙军队撤出澳门，东望洋炮台才被开放为旅游景点。

东望洋炮台景区除了炮台，还有两个著名的景点：东望洋灯塔和圣母雪地殿教堂。东望洋灯塔是中国沿海地区最古老的灯塔，其所在地面位置的坐标值亦为澳门于世界地图上的地理定位。“澳门八景”之一的“灯塔松涛”，正是对耸立在松山松涛中的东望洋灯塔景观的描绘。

东望洋灯塔建于1864年，初期灯塔总高15米，砖石结构。1865年9月24日灯塔开灯，向澳门周围的海面循环扫射，昼夜不停。塔身主体为白色圆柱形建筑，带有黄色的线条点缀，塔尖则为红色。灯塔总共分为四层，第一层至第三层在灯塔内部，第四层为灯塔射灯和眺望台。灯塔附近悬挂各种防风信号标识，当台风来时，挂上不同级数

东望洋炮台（澳门文化局供图）

的风球作为警示。灯塔最初使用火油灯，后改用从法国巴黎运来的新机件。1874年9月，灯塔因遭遇澳门空前狂暴的台风而被毁。1910年6月，东望洋灯塔以新式机器配上法国反射镜重放光明。

圣母雪地殿教堂约建于1622年，具有17世纪葡萄牙修院建筑特色。葡萄牙人奉“雪地圣母”为航海之神，与中国东南沿海居民的妈祖信俗有相同之处，故称教堂为“圣母雪地殿”。传说当年葡萄牙货船前来澳门，黑夜突遇风暴，货船迷失方向，忽见空中明灯照耀，指引货船化险为夷，安全抵达港口，葡萄牙人认为是圣母显灵，遂建教堂祀奉。

圣母雪地殿教堂的主堂呈长方形，长为16米，宽4.7米，两侧墙身较为厚大，外屋顶以红瓦铺设。教堂立面设计较为简单，两边有壁柱，上有三角形山花，而入口大门亦以相同手法设计。教堂外墙粉刷为白色，壁柱和山花则粉刷为黄色，一派葡萄牙乡村小教堂风貌。

圣母雪地殿教堂极具艺术魅力，尤其是绘满教堂墙面和天顶的壁画。1996年，工作人员对圣母雪地殿教堂进行保护性修缮时，发现教堂内绘有壁画，数量丰富，内容独具风格。从1998年开始，政府对教堂建筑和壁画进行修复，历时两年多宣告完成。修复后的壁画向人们展现这座教堂的融合魅力——教堂墙面和天顶均绘满壁画，壁画内容糅合中西文化，具有极高的艺术价值。例如，壁画虽主要描绘基督教的宗教内容，以《圣经》内的人物和故事为重要的表现对象，却又穿插了中国庭院的假山石、盆花和中国民间舞狮的图像。在采用西方绘画技法的同时，壁画更多运用了中国传统壁画的线描敷色表现手法，例如假山花卉采用西式构图，却用中国传统工笔画的手法绘出。圣母雪地殿教堂内的壁画表现出鲜明的外来文化与本土文化掺杂、以本土文化为主的艺术风格，这应当说是16世纪基督教文化和欧洲美术传入中国以后，中国基督教美术乃至中国文化艺术最为重要的流向。

澳门自古就是中国领土，历代政府均对其进行管理，葡萄牙人于明嘉靖三十二年（1553）来到和租居澳门之后亦是如此。明代政府秉持“建城设官而县治之”的政策，在澳门设置行政、军事、司法、海关等组织机构，并派遣官吏进行地区政务管理。明代设守澳官，并按其职权分为提调、备倭、巡缉三职管理澳门事务。

清代基本延续前朝对澳门的管理政策，清雍正八年（1730）设置分防澳门县丞，属于副县级。从雍正九年到光绪三十二年（1906），清政府共任命50余任县丞管理澳门事务。县丞衙门最初位于前山寨，1734年移至望厦村，后又移至葡萄牙人租居地内的佐堂栏尾（今草堆街中段横巷）。经过不断完善，最终形成了一套从保甲、县丞、同知至巡抚、总督的官职和相应的机构对澳门进行管理。

在军事方面，明代澳门设置参将官职。参将在明代属三品武官，可见政府对澳门的重视。除设置官职外，明政府于1574年在莲花茎中段（今关闸马路中段）设置关闸，并配有专人把守。这座关闸每月定期开启六次，作为控制内地和澳门联系的设施。关闸为一座中式城楼建筑，楼前悬挂刻有“孚威镇德”的匾额，至今我们仍能看到这座关闸。

海关方面，清代设置“粤海关澳门官部行台”管理澳门海关事务。官部行台建于清康熙二十七年（1688），位于今天的关前街和关后街之间的区域，是清代在澳门设立的征税机构。该建筑为典型的中式衙署，大门设有照壁，走入其中为两进院落，中间正房，厢房沿中轴分布两侧。官部行台下设大马头、关闸、娘妈阁、南湾四个税馆，负责征收关税。官部行台反映了清政府实行“以官制商，以商制夷”的外贸管理制度，对澳门城市格局和肌理的形成产生了很大影响。

随着澳门半岛人口不断增长，出于防御海盗、满足海上贸易、应对中国政府事务等原因，葡萄牙人也逐渐开始对居住地的社会进行管理，留下了大量行政管理设施。

民政总署大楼

澳门的市政制度由来已久。16世纪中叶，葡萄牙人来到澳门经商定居，最初在澳葡人社群并没有正式的管理机构。1583年，澳门议事会成立，又称议事局，俗称“金巴喇”，是当时居澳葡人的内部自治组织。1784年，议事会大楼建成。

随着葡萄牙实行对外改革，1835年，议事会被解散，设立澳门市政厅，议事会大楼随之更名为市政厅大楼。澳门回归后，第1/1999号法律《澳门特别行政区回归法》将原澳门市政机构改组为临时市政机构。直至2002年，澳门特区政府新设立民政总署，市政厅大楼更名为民政总署大楼。

在中文文献中，议事会又被称作“议事亭”，议事会大楼所在地历史上是明代政府宣读政府法令和中葡官员会面的场所。根据早期的绘画，议事会大楼原来也是一处中式建筑，随着时间的推移，议事会大楼成为今天我们所见到的西式建筑。

在1874年9月22日的“甲戌风灾”中，市政厅大楼的屋顶、墙壁及门窗被损坏，遂开展了重修工程，并于1876年竣工。该重修工程减少了建筑立面上的装饰，使之变得更为简洁。1940年，市政厅大楼再次进行维修，对建筑立面又做了少许的改变。我们现在看到的市政厅大楼立面就是1940年的改造结果，包括将坡屋顶改成平顶，将一楼中央的落地窗圆拱改成三角楣式，将大门改为平檐式矩形门，并去掉两扇侧门等，除屋顶山花上的徽章随年代有所更替外，1940年改造形成的外观基本保留至今。

如今，当我们来到民政总署大楼（现市政署大楼），可以看到一座两层高建筑，白色墙身、墨绿色门窗，充满南欧浪漫色彩。建筑主立面为文艺复兴的简约风格，高14.5米，宽44米，由花岗石线脚划分为左中右三等份。中间部分稍靠前，顶部设有三角形山花，其两侧为花岗石多立克壁柱。整个大楼立面线脚简约，窗户比例适宜，色彩淳朴自然，具有建筑美感。

民政总署大楼的二楼有一个1929年启用的葡式公共图书馆。图书馆主要以葡萄牙玛弗拉修道院的图书馆为设计蓝本，装潢和家具陈设

民政总署大楼（澳门文化局供图）

等都具有浓厚的古典气息，主要收藏17世纪至20世纪50年代的外文古籍，特别是葡萄牙在非洲及远东的历史文献等。二楼前座是会议厅，历年的澳门市政议会、民政总署公开会议和记者招待会等都在这里举行。大楼地下右侧是展览厅，墙身以白色为主调，用于定期举办各种艺术展览。

除了大楼本体，大楼后方还有建于1939年的葡式花园和喷泉，小巧别致的后花园为市民和游客提供休闲玩乐空间。花园里还有两个石球，一个石球是纪念葡萄牙地理大发现的环形球体，另一个石球上则刻着葡萄牙盾徽。同时，花园里还设有葡萄牙诗人贾梅士和教育家迪奥士的两尊半身石雕像。

如果大家有机会来到民政总署大楼，不妨留意一下墙壁上具有历史价值的石刻，如关闸门碑额等；之后可以拾级而上至二楼的图书馆，在古色古香的氛围中，了解馆中所收藏的古籍及特藏；最后步行至小巧别致的后花园，在绿荫喷泉之间享受宁静时光。

澳门总督府

19世纪初，清政府禁止外国商人在广州居留，于是大量外国商人来到澳门租住。面对这个具有欧洲风情的城市，他们在此享乐、挥霍，促进了澳门经济的转型发展。同时，随着19世纪中后期赌博合法化，澳门经济得以再次发展。

鸦片战争后，清政府无力继续管控澳门城市建设，积累大量财富的在澳葡人和旅居澳门的外国商人开始大兴土木，许多豪宅便出现在这个时期。豪宅多分布于南湾，澳门总督府就是其中的典型代表。

澳门总督府建于1849年，位于南湾大马路，由若瑟·托马斯·阿奎诺设计。若瑟·托马斯·阿奎诺是澳门的著名建筑师，西望洋教堂、大堂等澳门地标建筑都是由他设计的。

澳门总督府原是塞尔卡尔子爵府第，后家族衰败，产业被拍卖，1881年被政府投标购置，变身为澳门总督的官邸，后来一直作为政府的行政中心建筑。葡萄牙人初来澳门时并没有总督，行政事务由船队船长负责，但因船长多喜欢住在船上，因而城市内的治理实际由议事会负责。后来，为加强对澳门的统治，葡萄牙国王于1623年在澳门设立总督。但是总督制度受到在澳葡人的排斥，总督最初住在大炮台，后又辗转居住在市议会、私人住宅。200多年间，总督一直没有固定官邸，直到购得塞尔卡尔子爵府第。

塞尔卡尔子爵府第占地面积约5000平方米，平面布局属于典型的葡萄牙式民居，楼高两层，呈方形对称分布，楼梯居中，房屋位于两侧。从1868年的南湾老照片上我们可以看到，在同一区域中，塞尔卡尔子爵府第与周围封闭呆板的建筑群形成鲜明对比，体现着新潮与开放，尤其是新古典主义风格的外廊，19世纪中后期才在其他建筑中慢慢出现。

塞尔卡尔子爵府第由科林斯石柱组成二楼廊式露台，建筑两侧对称分布，上层有外廊，下层墙体开有两个百叶窗，具有葡萄牙建筑特色。建筑立面多开窗，窗楣上有雕刻精美、内容丰富的灰塑装饰，代表着特定时期的民居装饰特色。建筑同时融合中式元素，例如屋顶为坡屋顶，铺以中式瓦片，四周建有中式宝瓶栏杆装饰的女儿墙，等等。

当年澳门首屈一指的大型豪宅成为政府办公地后，除澳门总督府办公室、秘书处外，民政厅、华务科、财政局等机构也曾在此办公。为了适应办公需要以及体现建筑的政治性和公共性，该豪宅曾被进行大规模的修葺。例如，将室内空间打通以增大空间，将窗楣改建为“宜”字窗和三角楣，去除起装饰作用的灰塑，从而使整体建筑显得庄严肃穆；两侧露台由三根支柱变为两根，支柱外形变更为宝瓶状，中式元素增多。建筑外形色彩为白色窗户和粉红色建筑本体搭配，外观简洁、雅致。这种色彩搭配之后还成为澳门官式建筑的标准，加思栏士兵营、陆军俱乐部等都是同样的色彩搭配。

1999年12月19日，最后一任澳门总督韦奇立在此举行降旗仪式，为澳门的政权交接拉开序幕。澳门回归祖国后，澳门总督府成为澳门特别行政区长官的办公室和政府总部，继续履行其作为行政建筑的职能。

港务局大楼

港务局大楼建成于1874年，由意大利设计师卡苏杜设计，是当时在澳门的印度警察营房。原名摩尔兵营，可驻扎200多名官兵。摩尔人主要指在伊比利亚半岛的伊斯兰征服者，实际是柏柏尔人、阿拉伯人和黑人混合的后裔，但在19世纪，葡萄牙将印度的穆斯林称作印度摩尔人，摩尔兵营的名字由此而来。1905年，大楼改为港务局和水警稽查队的办公地点，因此被称为港务局大楼。

港务局大楼位于妈阁内港入口附近的山坡地，其楼顶设置的台风信号站可以帮助渔民、船只与居民得知风球信号，体现着其曾经的港务职能。但随着港务的发展，澳门港务局的办公室已搬迁，港务局大楼的作用逐渐淡化。

港务局大楼是一座受阿拉伯风格和哥特风格影响的砖石建筑。整个建筑长67.5米，宽37米，建于一处花岗岩筑成的平台上。建筑整

港务局大楼（澳门文化局供图）

体粉刷成黄色，并以白色花纹衬托，这与粗糙的花岗石墙基在色彩及质感上形成强烈的对比。大楼三面由带尖拱券的长回廊环绕，这种设计除了便于观赏风景外，也是建筑样式适应本地气候的表现。在回廊上，设有多个伊斯兰式尖拱券，各尖拱间以三叶饰点缀，加上女儿墙上有节奏的方尖形装饰，形成一种强烈的韵律感。作为曾经的兵营，大楼还保留一些可能用于军事的设计，如大楼向内港一边的立面两端各建有一个向外突出并稍高的角塔，再如建筑物顶部类似垛堞的设计，让人想起像炮台一样的军事设施。

港务局大楼是澳门现存不多的具摩尔风格的建筑物。风格强烈，后期加建部分都潜移默化地受其影响，譬如一层窗户的饰带装饰就具有明显的南亚建筑特色。港务局大楼的建筑风格，体现了印度警察的思乡之情，亦见证了历史上澳门与果阿之间的联系，充分表达了不同时代、不同文化之间的交流对话。

东方基金会会址

东方基金会会址位于白鸽巢公园旁，是早期澳门的一座花园洋房，最初为葡萄牙富商俾利喇所有，因此也被称为“俾利喇行宫”。大宅于18世纪70年代建成，当时还包括今天白鸽巢公园的范围，既有园景，又有海景（昔日的内港），是名副其实的豪宅。

大宅的主人俾利喇是葡萄牙皇室贵族，曾担任葡萄牙的财政顾问，也是澳门保险之家的创始人。他拥有规模庞大的鸦片贸易船队，富裕程度甚至连印度和澳葡政府也需要和他借贷。10世纪末，俾利喇把大宅租给英国东印度公司，作为该公司驻华商务监督、大班及英国驻中国高级官员的官邸住所。后来，俾利喇的女婿土生葡人马葵士继承了大宅。他对宅第及花园进行了多次改造，耗费了不少心血。据说，他十分喜欢白鸽，曾在宅内饲养数百只白鸽。这些白鸽飞舞的景象很是壮观，“白鸽巢”的名字由此而来。1885年，大宅被澳葡政府收购，曾用作不同公共部门的办公地点。20世纪60—80年代，这座别墅被改作贾梅士博物院，主要展出中外文物。至澳门回归前夕，东方基金会收购了贾梅士博物院，并将其改为基金会的会址。

东方基金会会址（澳门文化局供图）

东方基金会会址是一座带有花园的西式大宅。从20世纪初的照片中可见，大楼原本高三层，顶部有三角形山花。但现在，建筑只余下两层，平面呈凸字形，入口设有宽大的石砌户外阶梯，彰显着住宅的气派。建筑外墙为白色，雕花框线和女儿墙为粉色，百叶窗则为墨绿色，具有典型的南欧建筑风格，给人以清新淡雅之感。一楼入口建有带上盖的门廊，两侧拱窗装有向上翻开的木百叶窗，这种设计在澳门并不常见。此外，在侧墙上还有一个雕刻精细的青砖“门官”。大楼后部原有的天井被保留，上部加盖了玻璃屋顶。天井除了有走廊和楼梯，还有一口水井，见证着昔日大宅的日常生活。户外花园以一个小型人工湖为中心，周边种植花卉树木。

200多年来，这座大宅历经数度易主，仍矗立不倒，无声地为人们讲述着过往的故事。如今，大楼室内已改建为展览空间，主要展览厅设在一楼。东方基金会一直致力于推动葡萄牙和澳门两地的文化研究和合作，现在会址大楼中的展览厅经常会展出世界各地艺术家的佳作，成为文化交流的空间。

公共建筑

公共建筑是指在城市发展过程中，供人们进行各种公共活动的建筑。公共建筑的出现与人口数量、社会构成、居民需求等密切相关。澳门公共建筑出现时间较早，早期建筑多含有宗教色彩，建筑多为医院、慈善机构等。例如，澳门第一间医院和第一间慈善机构均由神父创办，仁慈堂是澳门早期公共建筑的代表，由澳门首任主教贾尼路创立，主要用于慈善救济。

澳门早期的公共建筑还有工厂、监狱、学校等。随着城市发展，民众的需求日益丰富，公共建筑的形式愈加多元，到19世纪下半叶，陆续出现陆军俱乐部、岗顶剧院等娱乐场所。

相比西式建筑，中式公共建筑发展进程略慢，类型较为单一，早期多为华人集中议事场所。后期，随着华人数量的增多及华人在社会中承担的重要角色，澳门逐渐出现当铺、酒楼等中式公共建筑。

镜湖医院

镜湖医院是澳门历史最悠久的医院，成立于

1871年。镜湖医院值理会是澳门最悠久的慈善、医疗组织，与同善堂、澳门商会合称“澳门三大华人社团”。

镜湖医院以照顾澳门华人福祉为宗旨，“施医施药施棺外，夏则施茶，冬则施弱，埠中贫民，遇有病而无以为医，死而无以为殓者，均赖该院加以援助”。抗日战争期间，澳门有五所医疗机构和众多私人诊所，其中镜湖医院是唯一一个免费提供医疗服务的华人医院。

镜湖医院成立以来，除了作为医疗机构，还与民主革命有密切关系。1892年，孙中山从香港西医书院毕业，赴澳门行医，被澳门的镜湖医院“破例”聘用，孙中山由此成为澳门第一位华人西医。孙中山曾在《建国方略》中说：“及予卒业之后，悬壶于澳门、羊城两地以问世，而实则为革命运动之开始也。”可以说，镜湖医院是孙中山开始革命征途的地方。

当时，孙中山的工作是义务的，没有薪水。因为镜湖医院是中国人开办的医院，一向用中医中药来治病，当地的华人不认可西医，因此很少有人愿意找孙中山治病。后来，孙中山的医术得到广泛认可，说起来，这还与广告相关。当时，孙中山曾接诊过一位重症病人，他久患痔疮，十分痛苦，四处求医问药，依旧毫无起色。万般无奈之下，他只好求助于孙中山。在孙中山的精心治疗下，病人很快就痊愈了。累年的宿疾，一周就被孙中山治好了，病人十分感激，便连续在《镜海丛报》上刊登启事，赞誉孙中山的医术“神乎其技”。鸣谢广告帮助孙中山传播了名声，更重要的是打消了许多人对西医的疑虑。

后来在澳门友人的帮助下，孙中山在澳门开设了中西药局和孙医馆。此后，他一天在三个地点行医，早上7—9点在中西药局开诊，上午10—12点在镜湖医院免费行医，13—15点在孙医馆应诊，15点之后则出门应诊，孙中山精湛的医术和高尚的医德在澳门广泛流传开来。

从进入镜湖医院到1925年逝世，孙中山与镜湖医院一直保持着联系，镜湖医院给予孙中山极大的支持。现在，镜湖医院内建有镜湖历史纪念馆，其中保留着多张孙中山向医院借款的凭据。根据这些借款凭据可知，在1892年10月到1893年3月几个月时间内，镜湖医院就借给孙中山3000多两白银，超过医院全年总开支的一半，借款主要用于帮助孙中山成立中西药局，同时宣传革命，可见镜湖医院对孙中山的信任和支持。镜湖医院总理还以私人名义借钱给孙中山，无偿还期限和利息。落难英国伦敦时，孙中山在《伦敦被难记》中写道："予既居澳门，澳门中国医局之华董，所以提携而嘘拂之者无所不至，除给予医室及病房外，更为予购置药材及器械于伦敦。"这里所说的"中国医局"就是镜湖医院。

抗日战争时期，镜湖医院救济难民、赠医施药、救治伤员。1932年淞沪会战时，香港东华三院、镜湖医院作为救济阵地，帮助大量广东难民经香港和澳门返回家乡，体现了民族大义。作为曾经澳门华人唯一的医院，镜湖医院如今已发展成为一所现代化的综合性教学医院，拥有第一、第二门诊大楼，1999年建成的急诊和住院大楼，以及2009年落成启用的"霍英东博士专科医疗大楼"五座大楼。2005年建成氹仔医疗中心，提供部分专科门诊及急诊服务。

时光荏苒，150多年来，镜湖医院始终秉持济世为怀、救死扶贫的精神，成为澳门市民认可的健康保护者。随着澳门回归祖国，镜湖医院发生了巨大变化：专科医疗技术得到较大发展，就医环境得到较大改善，医疗服务备受肯定……我相信，这座有济世情怀的医院，未来也将继续践行新时代社会责任，延续仁爱精神。

岗顶剧院

岗顶前地早年是葡萄牙人和外国商人聚居的地方，完全按照葡萄牙的城市格局建造。虽然空间不大，但站在岗顶前地环视一周，就能发现这里距圣奥斯定教堂、岗顶剧院、何东图书馆大楼这些世界遗产建筑仅有几步之遥。相比热闹繁忙的议事亭前地，这里宁静的氛围更能让人感受到南欧的异国风情。

岗顶前地旁有一座建造在磨盘山上的建筑，外观犹如古希腊神庙，上部装饰有竖琴半浮雕，这就是岗顶剧院。岗顶剧院早先为澳门葡萄牙人的大会堂和土生葡萄牙人聚会之地。在第二次世界大战期间，剧院曾被当作难民庇护所。

岗顶剧院的欧式剧院建筑建于1860年，是澳门唯一的、也是中国南部最古老的欧式剧院。剧院为纪念葡萄牙国王伯多禄五世所建，因此也被称为“伯多禄五世剧院”。该剧院从建立之初直至19世纪70年代，由伯多禄五世剧院公司负责经营，当时剧院经常举办戏剧、化装舞会等，热闹非凡。该剧院是中国早期接受西方艺术的主要场所，不但拥有中国最早的电影放映厅，也是歌剧《蝴蝶夫人》举行亚洲首演

岗顶剧院（澳门文化局供图）

的地方。

除演出场地外，剧院内还设有舞厅、阅览室、桌球室等娱乐场所。岗顶剧院最为独特之处是剧场的两侧都有进行表演的舞台，这种空间设置可以使观众体验到极致的视听效果。

岗顶剧院建成初期只有主体部分，其后于1873年在正面入口处加建柱廊、拱廊及新古典主义风格的三角楣。1879年，因经营不善，剧院被公开拍卖，后由“伯多禄五世剧院业权人”组织进行建筑保护和管理。100多年来，岗顶剧院经过多次维修，亦曾因白蚁蛀蚀问题而关闭近20年，现主体建筑基本保存完整。

岗顶剧院整体粉刷为绿色，衬以墨绿色门窗及红色屋顶，再配以黄色色调的周围环境，整体看上去非常清新典雅。剧院建筑长41.5米，宽22米，屋脊高12米，中式坡屋顶。剧院设计为新古典主义风格，正立面为罗马圆拱式门廊，门廊顶端以三角形山花收结，其下由四组爱奥尼柱式倚柱组成三个券洞。面向岗顶前地的侧立面的墙上，连续开有九个罗马圆拱式落地大窗，十分醒目。岗顶剧院的建筑及装饰设计玲珑精致，具有当时欧洲剧院典型的设计风格，同时亦结合了澳门本地的环境。剧院设有前厅，高垂的古老水晶吊灯增添了庄重和浓郁的艺术气氛。

早在1992年，岗顶剧院大楼就被评定为“具建筑艺术价值之建筑物”。2005年，《澳门世界遗产》邮票发行，其中包含有一枚主图案为岗顶剧院的邮票。2011年，澳门金融管理局发行猴年农历年纪念硬币，其背面图案也是岗顶剧院。2019年，经过政府和民众共同评议，岗顶剧院入选澳门不动产名录，被评定为“具建筑艺术价值的楼宇”。成功入选后，岗顶剧院将得到更好的保护，“有尊严”地世代矗立。

何东图书馆

何东图书馆位于澳门岗顶前地的尽头，其前身是澳门知名企业家、慈善家何东先生于1918年购入的私人别墅。1956年，何东逝世，其后人据他的生前遗嘱将大楼及2.5万元港币赠予政府，作开设公共图书馆及购买图书之用。1958年，图书馆正式对外开放，是当时最具规模的中文公共图书馆。经过60多年的发展，现在的何东图书馆已经成为以古籍、文、史、哲、艺术、建筑类书籍及多媒体视听资料为主的综合性图书馆。例如，何东藏书楼收藏有2万多册中文古籍，以近代著名藏书家刘承幹嘉业堂旧藏的16种善本最重要，其中《翁方纲纂四库提要稿》更是于2010年被收录在中国文化部评定公布的《国家珍贵古籍名录》之内。

图书馆的主体建筑由建于1904年以前的原大楼和落成于2006年的新大楼组成。原大楼高三层，立面每层开有五个拱券式窗户，作对称布局，券间墙设有薄薄的爱奥尼柱式壁柱。建筑通体粉刷为黄色，壁柱、券线、檐口等处饰有白色线条，大窗的窗框为绿色，屋顶为红瓦坡顶。原大楼是经典的欧陆风格建筑，以收藏古籍为主；新大楼高四层，为简洁朴素的现代风格，主要为读者提供多元的阅读服务。两座大楼新旧结合，兼具历史和未来。

建筑还有开阔的前庭和后园，前花园黄色围墙与拱形的绿色铁栅门形成对比，铺设石板的道路直通正门，左侧有假山、喷水池，还种植了高大的树木。后花园结合地势做成台地形，丰富了空间层次。游玩至此的旅客可以在这里休息片刻，十分惬意。何东图书馆与新马路仅一箭之遥，一处是绿树成荫、环境清幽的文化空间，一处是熙熙攘攘的闹市，使得整个建筑既有独处园林之乐，又有身居城市之便。近年来，这里不仅是澳门居民的阅读空间，还成为游客的热门打卡之地。

由私人别墅转型为环境清幽的阅读空间，何东图书馆是历史建筑活化利用的成功案例。未来，在保护历史建筑的前提下，何东图书馆

何东图书馆原大楼（澳门文化局供图）

将逐渐形成一个大型的社区文化公共空间，让走进它的市民、游客在领略历史建筑的风采中获得良好的阅读和休闲体验。

九澳圣母村

九澳圣母村（旧称九澳麻风院）位于澳门路环岛，是澳门仅存的麻风院舍旧址，是澳门麻风病医疗史仅存的实物见证。麻风病，是一种古老的传染病，20世纪时也是世界三大传染病之一，其余两种是梅毒和结核。澳门的麻风病防治可追溯至16世纪。澳门首任主教在1569年创办仁慈堂，兴建医院，开办麻风病患收治所。

在发明治疗药物前，为降低疾病传播，往往将患者进行隔离，安置在偏远地区。九澳麻风院就是这样出现的，也曾被称为麻风村。九澳麻风院建于1885年。当时还没有开通路环的环山公路，从澳门半岛过去，要先坐小轮到路环靠近市区的码头，再转乘小舢板到九澳山下石滩，交通极为不便。起初九澳麻风院只接收女性患者，1925年后，逐渐改为男女病患兼收。

九澳麻风院虽由政府管理，但主要由天主教澳门教区承担照顾病患的工作。1930年，九澳麻风院得到扩建，拥有五间房舍、活动中心（旧教堂）、连接院舍至澳门的码头（今已不存）及其他生活设施等。1964年，九澳麻风院更名为“九澳圣母村”，并于1966年增建立面呈三角形的七苦圣母小堂。随后，旧教堂被改建为康乐室，提供设备和空间来丰富患者的闲暇生活。渐渐地，九澳圣母村发展成为一个具备医疗、宗教、生活的综合型区域，并一直沿用至20世纪90年代初。

九澳麻风院沿着海岸线呈弧形分布，还设有码头作为对外的交通方式。麻风院及康乐室风格精致，设有柱廊、造型扶手、围栏及女儿墙，是澳门折中主义风格建筑中较为后期的作品。

七苦圣母小堂建筑造型独特，立面呈三角形，是澳门现代主义宗教建筑的独特范例。小堂由意大利建筑商负责建造，为钢筋混凝土砖砌结构。建筑具有强烈的几何设计语言，平面为矩形，立面呈三角形，地面上的十字架、十字苦像由意大利著名雕刻家设计。遥望教堂，其外观仿如一个大型帐幕，屋顶由八组具有排水功能的斜梁支撑，将教堂分为七个部分，与“七苦”的意义相对应。教堂内部没有立柱，形成宽敞空间。主祭台在北侧的中央位置，其上方有透光的窗洞，光线通过后方的钟楼可以投射于室内。七苦圣母小堂是澳门首间革新的教堂，以十字架代替了圣体柜和神龛圣像，座席以扇形分布环绕祭台。

20世纪80年代后期，由于麻风病病患逐渐康复和搬离，九澳圣母村逐渐荒废，是澳门最后关闭的麻风病院舍。2016年，澳门文化局分阶段对片区建筑进行修复，活化后的圣母村除了七苦圣母小堂仍作为宗教场所使用外，其余建筑则融入了展览、艺廊、餐饮、销售等新功能，其中康乐室旧址被设为展览空间。2021年，为活化历史建筑，增加民众对九澳圣母村的了解，澳门特区政府文化局举办了“澳门麻风病院舍历史档案展”，展出澳门档案馆近百份馆藏档案及相关资料。这些资料为民众梳理了澳门麻风医疗的发展脉络，揭示了特定时期的澳门社会风貌，对于澳门麻风病医疗史研究也有重要意义。

院舍平房则成为“握紧希望”职训实习计划的实验空间，该计划是由民间机构负责管理营运、由澳门社会工作局提供支持的合作项目，主要为戒毒康复人士提供个别化职业康复计划，包括导赏、销售、维修、营销和管理等职业培训项目的实践机会，让他们学习和发展不同方面的能力和专业技巧，协助他们重回社会。

经过活化利用，如今九澳圣母村的原麻风院舍、康乐室旧址、七苦圣母小堂和与其相连的广场空间、九澳山体共同组成了路环九澳优美的自然和文化景观。

地域风情

鲜活市井孕育城市精神

人们常说澳门有三张名片：一是2005年，“澳门历史城区”被列入《世界遗产名录》，成为中国第31个世界文化遗产；二是2017年，联合国教科文组织授予澳门“创意城市美食之都”称号；三是澳门多彩的非物质文化遗产，澳门的文化便蕴含在这些珍贵的非物质文化遗产中。

随着时代的发展，国际对于文化遗产的认识越来越全面、越来越深入。除了具有历史、艺术和科学价值的物质文化遗产外，与广大民众生活密切相关的、世代相承的各种传统文化表现形式，例如民俗活动、表演艺术、传统知识和技能，与之相关的起居、实物、手工制品，以及文化空间等也被纳入文化遗产的范围，从而表现出对人类整体文化环境的关注。

2001年10月，联合国教科文组织总部会议大厅举办了一场庆祝活动。活动中，来自中国的昆曲演员们为各国大使和联合国官员们带来了一场昆曲表演，笛箫悠扬，唱腔婉转。演出结束后，时任大会主席给中国常驻联合国教科文组织大使张学忠的夫人递上了一张便条，上面写着：“我从来没见过这么美丽动人的女演员，更没见过这么美妙的中国戏剧艺术！”

这是一场“人类口头和非物质文化遗产代表作”的庆祝活动。就在活动举办前半年，联合国教科文组织正式公布了世界首批“人类口头和非物质遗产代表作”名录，共有19个项目入选，包含西西里木偶剧、日本能乐、奥鲁罗狂欢节……其中，中国昆曲以全票荣登榜首。

2003年，联合国教科文组织第32届大会通过《保护非物质文化遗产公约》，旨在保护以口头传统表述、节庆礼仪、手工技能、音乐、舞蹈等为代表的非物质文化遗产。2004年，全国人大常委会批准通过了《保护非物质文化遗产公约》，中国成为第六个加入公约的国家。截至2024年4月，已有181个国家成为缔约国。

《保护非物质文化遗产公约》的通过，表明了各国对非物质文化遗产保护的共同努力与承诺。在《保护非物质文化遗产公约》的带动下，许多非物质文化遗产得到了有效保护和传承。从传统的手工技艺到口头传统表述形式，从音乐舞蹈到传统戏剧，非物质文化遗产的多样性得以展示，为世界文化增添了独特的魅力。

无论是非物质文化遗产数量，还是遗产保护工作，中国的表现无疑是十分优异的。2005年，加入《保护非物质文化遗产公约》一年后，中国开展了首个全国范围的非物质文化遗产普查工作。这场普查历时五年，有76万人参与，走访民间艺人86万人，收集珍贵资料近30万件。2009年“文化遗产日”前，文化部公布中国非物质文化遗产约有87万项。近20年来，通过完善非遗保护法律法规，建立国家、省、市、县四级非物质文化遗产代表性项目名录体系，中国已认定非遗代表性项目10万余项，认定各级代表性传承人9万多人。

2022年11月29日，在联合国教科文组织保护非物质文化遗产政府间委员会第17届常会上，中国申报的“中国传统制茶技艺及其相关习俗”被列入联合国教科文组织非物质文化遗产代表作名录（名册）。至此，中国共有43个项目被列入联合国教科文组织非物质文化遗产代表作名录（名册），居世界第一。

非物质文化遗产是人类社会发展的重要文化信息资源，是文明演进的历史见证，是文化发展的活体标本，具有非常重要的价值。保护好、传承好、利用好非物质文化遗产，不仅有利于延续历史文脉、坚定文化自信，也能更好满足人民的精神文化需求。

作为文化共融之地，澳门的民风习俗异彩纷呈。400多年来，东西文化在这里扎根生长，造就了澳门特有文化景观的同时，也形成了澳门珍贵的非物质文化遗产。

澳门非物质文化遗产包含社会实践、观念表达、表现形式、知识技能等元素，见证了澳门社会多年来的变迁及成长，如妈祖信俗代表着澳门昔日作为渔村的历史，而土生葡人美食烹饪技艺则印证了澳门的中西文化交融等。鉴于此，澳门非物质文化遗产的定义是其在不同时期对澳门社会的影响，代表了澳门的智慧及精髓。

在文化遗产保护的路途上，澳门一开始更多注重具有历史、文化、纪念价值及艺术性的建筑物或纪念物。1984年的法令第56/84/

M号及1994年的法令第83/92/M号属澳门回归前的文物保护法令，为澳门评定具保留价值的纪念物、建筑物、建筑群及地点名单提供了依据，并集中于对以上文化财产的结构及外观进行保护。自回归以后，“澳门历史城区”于2005年成功列入《世界遗产名录》，并以第202/2006号行政长官批示作为文物保障及维护的重要依据。与此同时，澳门特区政府对文化遗产保护逐渐由实体保护扩展至视觉景观的维护，更依据2008年第83/2008号行政长官批示，订立了第一条以限制建筑物高度的法规。由此可见，澳门多年来的文化遗产保护工作都是基于物质文化之上的。

2006年，澳门特区政府首次对非物质文化遗产展开工作，将本地的粤剧及凉茶制作技艺列入澳门《非物质文化遗产名录》，其后亦将多个民间习俗、工艺及手艺列入名录之内。2014年3月1日，澳门《文化遗产保护法》正式生效。为加强对非物质文化遗产的保护，澳门特区政府在制定《文化遗产保护法》时，将非物质文化遗产纳为保护对象，成为该领域法制建设的里程碑。《文化遗产保护法》明确了文化遗产的范围，包括不动产类文化遗产、动产类文化遗产及非物质文化遗产三大类。除包括物质文化遗产的保护措施之外，还就《非物质文化遗产名录》、非物质文化遗产传承人的认定及其责任、鼓励措施等方面，做出了具体的规定。

按照法律的规定，澳门以“拟订清单”和“制定名录”的方式对非物质文化遗产进行保护。“拟订清单”是保护非物质文化遗产的基础，通过普查和识别，将非物质文化遗产项目列为保护对象。而为进一步加强对项目的保护，“拟定清单”中具有重要价值、社会影响力较大及保护状况良好的项目，则可被列入澳门《非物质文化遗产名录》之中。

截至2020年6月，共有70个项目被列入澳门《非物质文化遗产清单》，包括艺术表现形式及属表演性质的项目（粤剧、南音说唱、道教科仪音乐等），社会实践、宗教实践、礼仪及节庆（朱大仙信俗、妈祖信俗、哪吒信俗等），有关对自然界及宇宙的认知、实践（太极拳、咏春拳、蔡李佛拳）和传统手工艺技能（葡萄牙瓷砖画制作技艺、瓷微刻工艺、竹升面制作技艺）等。

2019年3月13日至4月11日期间，澳门文化局根据《文化遗产保护法》第79条的规定，对建议列入澳门《非物质文化遗产名录》的12个项目进行公开咨询，并征求文化遗产委员会意见。其间，社会各界踊跃参与，提供了宝贵的意见。经对相关意见进行整理及分析，澳门文化局完成编制项目列入《非物质文化遗产名录》公开咨询意见总结报告，并于2019年10月8日公布，社会意见普遍认同12个项目的价值及将其列入澳门《非物质文化遗产名录》的建议。在澳门文化局综合分析、公开咨询，以及听取文化遗产委员会对列入名录项目的意见后，社会文化司司长批示将鱼行醉龙节、粤剧、苦难善耶稣圣像出游等12个项目作为第一批列入澳门《非物质文化遗产名录》。

另外，为提升本地非物质文化遗产项目的认受性和保护力度，向澳门以及内地宣扬澳门优秀的非物质文化遗产，澳门文化局亦积极参与国家级非物质文化遗产代表性项目名录的申报。目前，澳门共有11

个项目列入国家级非物质文化遗产代表性项目名录，包括：粤剧、凉茶、木雕（神像雕刻）、南音说唱、道教科仪音乐、鱼行醉龙节、妈祖信俗、哪吒信俗、土生葡人美食烹饪技艺、土生土语话剧和土地信俗。今后，澳门文化局将持续推进非物质文化遗产的普查工作，适时更新澳门非遗清单，并将具条件的列表项目列入澳门《非物质文化遗产名录》，以保护好澳门具有重要价值的非物质文化遗产。

20世纪末，在“盛世收藏”的大潮下，收藏爱好者的视野超越传统古玩，票证、连环画、像章、烟标等昔日生活中的各种物品逐渐进入收藏领域。从手摇电话、拨号电话到传呼机，再到大哥大手机，通信工具的转变彰显了信息时代的飞速发展；从手表、自行车、缝纫机，到后来的电冰箱、电视机、洗衣机，“三大件”的概念随着人们生活水平的提高发生着更易。小到针头线脑，大到家用电器，这些在一定历史阶段具有鲜明时代特色的老物件，承载着市民在特定时期的生活场景，也真实地展现出社会的变迁和时代的步伐。民俗文物的征集和展览得到了广泛的社会赞誉，受到了普通民众的欢迎。

这些民俗文物承载着几代人挥之不去的人生聚散、世事兴衰和怀旧情节的情感记忆。人们睹物思事，体味着生活的变迁、城市的发展、社会的更替。随着社会现代化进程的加剧，城乡原有的文化脉络受到冲击。有学者认为，城市文化在发展中应始终存在一种内在的凝聚力，没有内在的凝聚力，就没有城市得以存在和发展的根据。这种内在的凝聚力来自隐性的文化传统，即存在于人们的生活方式、习俗、情趣、人际交流活动的无意识中，一种内在的、稳定的、隐性的传统。民俗文化就是其中的重要内容。

多年来，中国政府在民族民间文化的搜集、整理、抢救、传承和利用等方面采取了一系列措施。例如，从1979年起，政府开展了中国民族民间文艺集成志书编纂出版工程，历经20余年的不懈努力，共收集、整理了流传于中国各民族民间的音乐、戏曲、舞蹈、曲艺和民间文学等方面的文字资料约60亿字、图片资料6万余张、曲谱6亿多字、录音资料3万多小时、录像资料3000多小时，填补了中国民俗文化遗产保护在诸多方面的空白。

但我们也要充分意识到民俗文化遗产的生存与发展存在着诸多问题：一方面大量散落于民间的民俗文化实物和资料得不到及时收集，一些濒临湮灭的民俗文化遗产得不到及时抢救，大量已经搜集、整理的民俗文物资料出现老化、发霉、粘连、消磁、虫蛀等问题，面临着重新失去的危险。民俗类文化遗产具有时间性、地域性、群体性、综合性等特征，这就决定了其创造性转化和创新性发展不如其他类非物质文化遗产项目活跃。

另一方面，在经济社会快速发展的进程中，一些地方在城乡建设中的大拆大建，破坏损毁了大量的传统古民居、民族建筑，切断了一个地区的“文化空间”。这是影响非物质文化遗产当代发展的重要因素。

所谓“文化空间”，一是特指按照民间约定俗成的传统习惯，在固定的时间内举行各种民俗文化活动及仪式的特定场所，兼具时间性和空间性。如黄帝陵就是一个典型的文化空间，许多关于黄帝祭祀的文化活动、仪式都在这里举行。汉族的龙王庙也是一个典型的文化空间，许多与祀龙祈雨有关的仪式活动在这里举行。二是泛指传统文化从产生到发展都离不开的具体自然环境与人文环境，这个环境就是文化空间。如对侗族的大歌而言，唱歌的场所——古楼就是一个特定的文化空间。对于划龙舟的习俗而言，特定地段、特定时间内的江河就是一个特定的文化空间。三是在一般文化遗产研究中，文化空间还作为一种表述遗产传承空间的特殊概念，可以用于任何一种遗产类型所处传承空间范围、结构、环境、变迁、保护等方面，因而具有更为广泛的学术内涵。

“文化空间”是一个特定的概念。中国传统文化中包含有多方面的文化空间，例如多种类型传统民居的选址、构成、布局等，涉及宇宙、自然、社会诸多方面的认知；社区广场、村寨水口、廊桥等空间场所举行的各种民俗、祭祀、礼仪、庙会活动，均构成典型的文化空间。因此，文化空间应该是民俗文化遗产传承中文化土壤系统的核心部分。

失去文化空间，等同于民俗文化失去生长的土壤、人民群众失去精神的载体。归根结底，民俗文化遗产存在于人们的日常生活之中。要使社会公众自觉接受民俗文化的精髓，不能仅靠政府投资，或是恢复一些热闹华丽的仪式；也不能仅靠专家研究后，将成果记录于文件里、存放于展柜中。虽然政府投资或专家研究在一定程度上有助于民俗文化遗产的保存，但也会影响民俗文化遗产的原生态性、民间性与真实性，使其难以得到有效传承。各级政府制定有利于民俗文化遗产保护的相关政策必不可少，专家学者对民俗文化遗产的研究工作不可或缺，但保护与传承民俗文化遗产的真正主力应该是、也必须是千千万万的普通民众。保存民俗文化遗产最好的方式就是让它们活在民间，活在每一个普通民众的生活里。

只有社会公众自觉地身体力行、用心体会，传承几千年的灿烂的民俗文化遗产才能以生动鲜活的形态代代传承下去。继承民俗文化遗产不是当代人的特权，而是当代人与子孙后代的共同权利。因此，应该鼓励社区对自然的变化节奏加以控制，协助社区减少由于环境改变等原因所导致的快速和不恰当的内部或外部变化威胁；协助社区维持民俗文化遗产与社区精神、社会凝聚力及经济可行性之间的关系；协助社区认识并记录民俗文化遗产的变化，分析变化进程的诱因和速度，以制订应对之策。

同时，民俗文化不是孤立的文化，它也应该与时代精神保持契合，与时代精神契合的民俗文化才更有生命力。在民俗文化研究中，要将历史与现代结合起来，在现代的环境中研究民俗文化遗产，让民俗文化遗产在现代的视野中绽放出奇光异彩。

鱼行醉龙节

如果你在农历四月初八来到澳门，很可能会在街上看到这样的场景：一群上身穿白色衬衫、下身着黑色灯笼裤、腰间系红色腰带、左手和头上缠红纱的男子穿街而过。他们手持木制的龙首或龙尾，在锣鼓声中边行进、边表演醉酒状的舞姿，不时还抓起大碗将酒一饮而尽后对空喷洒，围观人们阵阵叫好……这便是澳门的舞醉龙。

舞醉龙习俗源自数百年前的“醉龙传说”。据传，古时广东香山县曾发生瘟疫，乡民于农历四月初八求助佛祖。当乡民抬着佛像路经河边时，河中突然跃出一条大蛇。一位正在喝酒的和尚见状上前将蛇截为三段，蛇血流入溪中，蛇血所流之处，长出一种叫作栾樨树的小灌木。乡民舀溪水配以栾樨叶饮用，百病消除，于是他们将大蟒喻为神龙。自此之后，为答谢神恩且纪念醉酒和尚，乡民们每年都有舞醉龙的习俗，并伴以煮龙船头饭，祈求消除百病、老少平安；同时，将用栾樨叶制成的栾樨饼作为应节小吃，以图大吉大利。

葡萄牙人尚未入居澳门之时，四月初八舞醉龙的习俗已在香山县形成。及至19世纪中期，香山一带不少鱼行的从业先辈移居澳门，他们联合原居住此地的同业，将舞醉龙的传统习俗扎根于澳门。

每年四月初七日的傍晚，在澳门从事渔业批发或零售的居民便会聚在菜市场，不分彼此，席地而坐，围台进餐，形成吃“龙船头长寿饭”的传统。四月初八舞醉龙巡游、免费派送龙船头饭是鱼行醉龙节的主要活动内容，舞醉龙、舞醒狮则是节日中的两项主要表演形式。不同于传统舞龙，澳门的“醉龙”只有龙首和龙尾两部分，以坚实的柚木制成。其舞姿亦有讲究，“醉”为最大特色。舞队中有人持龙珠引龙起舞，有人分持龙头和龙尾，另有人负责灌酒。“三分醉，七分

鱼行醉龙节（澳门文化局供图）

舞”，微醺时谐趣百出，配合着“腰”和“马”功夫，蛇形千斤重，演出者口中喷出的酒在阳光照耀下熠熠生辉，极具地区特色。

澳门鱼行醉龙节活动，传承了中华民族“龙”的精神，表达了对国家繁荣昌盛的期盼与祝福，对增强中华民族凝聚力、增进社区及行业团结协作的精神具有重要意义。早期舞醉龙在澳门鲜鱼市贩职工联合会举办的“澳门鱼行醉龙醒狮大会”中进行，由鱼栏及鱼贩捐资主办。澳门鱼行行友们秉持“代代中华根，辈辈鱼行魂”的信念，坚守舞醉龙传统，使其逐渐演变成澳门鲜鱼行同业间团结象征的节庆活动，也被称为“澳门鱼行团结日”。2011年，澳门“鱼行醉龙节”入选第三批国家级非物质文化遗产代表性项目名录，标志着醉龙节已从鱼行行友的定期团聚，演变为不同阶层民众共同参与的、独具特色的澳门民间传统节庆活动。

土地信俗

拜土地是澳门华人社群传承数百年的习俗。土地公，或称“福德正神”“大伯公”，是中国民间最普及的神祇之一，被认为掌管一方土地，保护居民的生活、健康、财富等。自商周始，中国已有祭祀土地神的习俗，尤以春社最为历史悠久，为春耕前祈求五谷丰收、乡邻会聚宴饮的欢庆时节。部分地区的社神形象化后，春社节庆逐渐演变为土地诞节。

在长期的发展过程中，各地华人将原乡的土地神和信俗带到中华文化根深叶茂的澳门，形成历史悠久、特色鲜明的土地文化；并以三大土地庙——沙梨头土地庙、雀仔园福德祠、下环街福德祠为核心，以分布在澳门的约200个土地神坛为支柱来传承土地信俗。相传，沙梨头土地庙建于明末，殿侧墙上的乾隆五十四年（1789）石碑，可证实建庙历史至少有230年；雀仔园福德祠庙内碑文证实，原旧庙建于清咸丰（1851—1861）年间；下环街福德祠的碑文，则描述了150年前的土地诞盛况。可见，土地公的祭祀及神诞庆祝活动由来已久。

土地信俗是澳门最普及的民间信俗之一，是中华传统民俗文化在澳门一脉相承的体现。而土地信俗在澳门的传承又别具特色，神格多

沙梨头土地庙

样，祭祀形式不一，具有鲜明的地域特征，是能体现澳门居民生活文化和社会发展的民间信俗。

澳门的土地信俗具体表现在日常祭祀和土地诞上。信众通过安置牌位、添香供奉的形式进行平日祭祀，在商铺和住宅门口等私人民居内，一般会在门口安放小型的土地神位，以保护家人平安。在一些小区及街巷的公共区域中，也会设置公共的土地神祭坛，以保佑周围居民的生命财产安全和小区安定。这些公共祭坛的坐落位置和建筑形制都具有本土特色，有的坐落在昔日村落的村口或大树下，有的设置在围里中的街道尽头或转角处；在建筑形制上，公共土地神祭坛的体量大小和规格不一，按类别可分为牌位、坛、龛和庙等形式。土地神的形象也较为多元，既有传统的象征之物，如石主、碑刻；也有人格化的神像，如土地公和土地婆等。

每年农历二月初二的土地诞，以及每月农历初二、十六的“做迓”祭祀，是土地信俗在澳门最为人所熟知的表现形式。每逢祭祀日，信众会在家庭的神位和所在小区的公共土地祭坛进行祭祀并举行盛大的庆典。除了祭祀，酬神习俗如抢花炮、铺陈灯彩、参神祈福、上演神功戏及肆筵设席等均自清代沿袭承传至今，是澳门社群每年重要的祭祀和节庆活动。因为土地信俗主要活跃在小区、街巷、民居内，因此近年酬神习俗更延伸为敬老扬孝活动，对于凝聚、培养居民的小区认同感、归属感，传承发扬尊老爱幼、邻里守望相助的传统美德起到了积极作用。

妈祖信俗

妈祖，又称“天上圣母”“天后”“天妃”“阿妈”，是中国沿海地区最受尊崇的海神。妈祖，本名林默娘，福建莆田人，相传她经常拯救渔舟商船，后因救助渔民不幸遇难，百姓为纪念她而立庙祭祀，并将其奉为海神。宋、元、明、清，历代朝廷多次敕封妈祖。随着航海业的发展和华人移民海外，妈祖信俗的影响逐步扩大，传播到世界40多个国家和地区，为两亿多民众所崇拜并传承至今。

妈祖是澳门华人普遍信奉的神明之一。昔日的澳门作为滨海渔港，捕渔业及海上贸易相当兴盛，为求平安归航，华人渔民和商人大多祈求妈祖保佑。澳门有实物可证、年代最早的祭拜妈祖的庙宇——妈阁庙已有500多年历史，可见澳门妈祖信俗的历史十分悠久。文献记载，数百年来，澳门水陆居民祭祀妈祖的形式多种多样，如进香祈福、演戏贺诞、聚餐庆贺等。

妈祖信俗是澳门最具影响力的民间信俗之一，数百年长盛不衰，民间妈祖显灵说流传不断。相传明弘治（1488—1505）年间，有闽籍商人驾帆船由福建运货来粤。临起锚时，忽见一女子，孑身无物，求船附搭，商人允予方便。岂知船方解缆，便疾驶如矢，不一夜，已抵澳门海面。女子请求泊岸，离舟登陆，虽足小脚纤纤，然步履敏捷，行至半山中消失踪迹。船众登山查看，只见遗下双履，众遂认为妈祖显灵。又传明末万历（1573—1620）年间，有闽帮货船，来澳遇风，漂至妈阁海面，船正危亟，忽睹一神女显圣山侧，风浪立告平息。众商获转危为安，认为又是妈姐庇护。

当然还有其他关于妈祖的传说，但共同之处都表达着民众崇奉和颂扬妈祖的立德、行善、大爱精神。时至今日，澳门仍有多所庙宇供奉妈祖，例如莲峰庙、妈祖庙、普济禅院、渔翁街天后庙、氹仔天后宫、路环天后古庙。这些庙宇平日香火鼎盛、紫烟缭绕，在每年农历除夕夜、三月二十三日妈祖诞、九月初九日妈祖重阳升天，更会举办隆重的庆典及祈福活动，如搭建花牌、舞龙醒狮、建醮祈福等，参与者众多，热闹非常。其中，于妈祖诞在妈阁庙前举行的“水陆演戏会”历史悠久、别具特色。届时，水陆居民祭祀请神，以竹棚形式搭

妈祖信俗（澳门文化局供图）

建戏台和观众席，在妈祖诞前后数天举办多场粤剧演出，吸引大批市民和坊众参与，是澳门具有代表性的年度传统节庆盛事。

妈祖信俗于澳门世代相传，是中国传统文化在澳门一脉相承的具体体现，增强了民众的自豪感和民族感。此外，妈祖信俗的传承与弘扬，对于团结社群、凝聚小区、促进社会和谐具有积极的作用。近年来，澳门与各地信奉妈祖的群体互动频繁，并进行各种形式的文化交流活动，妈祖信俗起到了文化纽带的作用。

哪吒信俗

哪吒是中国神话传说中的人物，源自印度佛教，本为佛教的护法神。唐宋以后，开始融入中国传统的民间信俗，逐渐演化为道教的神祇。随着《封神演义》和《西游记》等神魔小说的风行，哪吒手执乾坤圈、脚踏风火轮的孩童形象深入人心。

柿山哪吒古庙和大三巴哪吒庙是澳门哪吒信俗的主要载体。相传清初哪吒在柿山显圣，保佑居民，其显圣时站立在一块石头上，坊众即在该石头上建庙祭祀。如今，柿山哪吒古庙前仍然放置着那块“显灵石”。庙宇最初只是一座石庵，参拜者受日晒风吹，为感谢神恩，扩建了风雨亭，并正名为“哪吒古庙”。庙内石龛、神台、香炉、哪吒神像和门楣石额都是用原石雕成，与显灵石相伴。

大三巴哪吒庙是一座典型中式寺庙，位于大三巴牌坊西侧的茨林围。短短距离内，中式哪吒庙与西式大三巴牌坊和谐共处，彰显澳门中西交融底色。19世纪末，澳门发生疫症，相传茨林围居民得到哪吒托梦显圣，最终使疫症消除，居民感念恩德，于是协商将柿山哪吒庙的哪吒太子分灵，遂于1888年兴建了这座哪吒庙供善信参拜。

澳门哪吒信俗活动中以农历五月十八日举办的“哪吒太子宝诞”庆祝活动尤为盛大，除祭祀祈福外，还有飘色巡游、神像出巡、醒狮采青等活动，吸引小区坊众以及大批旅客参与，是澳门极具代表性的传统节庆盛事。例如柿山哪吒庙，每年五月十八日的神像出游热闹非凡。八名男子用轿子将哪吒太子爷神像从庙中请出，以醒狮作先锋，

柿山哪吒古庙（新华社供图）

有人举“肃静”“回避”的木牌开道，一名男孩扮演哪吒，几名花女提花篮伴其左右。巡游队伍沿途唢呐齐鸣，场面壮观。大三巴哪吒庙每逢节诞同样组织巡游、抢炮、街宴、小孩子扮演哪吒闹东海等纪念活动。节诞前后三天，成千上万的善信会前来参拜，巡游队伍可达1000米长。

哪吒信俗在澳门的传承和发展，是中华民族传统文化于澳门一脉相承的体现。而哪吒信俗于澳门的传承又别具特色，不论是诞期、传说故事、节庆活动都有别于其他地方，具有鲜明的地域特色。该信俗日常祭祀和年度庆典活动的举办，有助于维系社群、凝聚小区。如今，除了定期举办哪吒诞活动传承该民俗外，澳门还积极推动哪吒信俗的研究、交流互动、推广展示等。2012年，由澳门特区政府、民间组织和民众共同筹建的“大三巴哪吒展馆”开幕，展馆建筑融合传统与现代，以介绍哪吒传说和节庆活动为主题，展示宗教香炉，神像出游时的舞狮头、銮舆，抢炮活动中的花炮神像等，并配合影片、照片等素材，向公众展示哪吒信俗的历史与变迁。此外，澳门信仰群体与海峡两岸暨香港，以及东南亚地区的哪吒宫庙交流频繁，为弘扬哪吒信俗而共同努力，哪吒信俗于其中起了文化纽带的作用。

花地玛圣母圣像出游

澳门是一个宗教氛围浓厚的城市，既有华人族群传统的民间信俗，如妈祖、观音、土地神等，亦有葡萄牙人曾尊为国教的天主教。矗立在澳门土地上的众多教堂彰显着天主教对澳门当地文化的影响。

澳门拥有东亚地区历史最悠久的天主教区，保留了很多具时代意义及地方特色的礼仪，每年5月13日的花地玛圣母瞻礼就是代表活动之一。花地玛本是葡萄牙的一个小村庄，因圣母显圣而闻名于世。传说，1917年5月13日，圣母玛利亚显现于此，当时有三位小牧童目睹圣母出现。1918年，为了纪念圣母显圣，当地教徒修建教堂，后又修建一座大教堂供世界各地的教徒纪念。花地玛圣母祭祀逐渐发展为极具规模的普世教会礼仪。

玫瑰圣母堂位于澳门大堂区。它是由西班牙圣多明我会（道明会）传教士于1587年创建的，因全部由木板搭建而成，当地华人称之为“板障庙”，后称“板樟堂”。因供奉玫瑰圣母，又称“玫瑰堂”。1929年，天主教澳门教区主教准许在玫瑰圣母堂内引入花地玛圣母圣像以示供奉。由此开始，每年的5月13日都在澳门举办圣母像巡游仪式，玫瑰堂成为远东地区传播葡萄牙花地玛圣母崇拜的重要基地。

每年的5月4日至12日，即花地玛圣母圣像巡游前的九日敬礼，会在玫瑰圣母堂分别以中文、葡语、英语举行弥撒。弥撒结束后，花地玛圣母圣像巡游开始。圣像出游是天主教的一种传统礼仪活动，在南欧地区尤其盛行。花地玛圣母圣像出游是天主教“花地玛圣母瞻礼及九日敬礼”的一部分，借此纪念“花地玛圣母显现”，并为普世和平与澳门所有教徒祈祷。

在教区主教的主持下，出游队伍自玫瑰圣母堂出发，沿途经过仁慈堂、议事厅、南湾和西湾等地，全程步行前往西望洋圣堂。出游时，身穿素白衣饰的教友抬着花地玛圣母圣像缓缓前进，前面有三位身穿葡萄牙传统服饰的孩童领路，象征当时亲历圣母显现的牧童。神职人员和大批本地及海内外的教友全程跟着圣像徐徐前行，沿途诵念玫瑰经、唱圣诗，场面壮观，是澳门十分有特色的宗教庆典。

花地玛圣母圣像出游是澳门天主教会的一大盛事，出游方式及文化内涵具有浓厚的地方特色，是澳门本地多元的宗教文化精髓的体现，亦是亚洲地区纪念花地玛圣母显现的重要载体。花地玛圣母圣像出游至今已有近100年的历史，通过教友、本地市民以及游客的参与，活动核心的宗教内涵及文化价值得以传承。另外，花地玛圣母圣像出游活动的顺利进行与城市交通发展和道路安排有密切关系，在政府部门提供的临时封路措施和维持秩序方面的协助下，以及市民大众的支持与配合之下，活动得以每年持续进行，体现了澳门特区政府及当地民众对相关信仰的高度重视。

圣像巡游是表达虔诚和信赖的方式，需要教徒和游行路线沿途住户配合，例如摆置鲜花、供奉圣像、燃点蜡烛等。澳门之前有很多巡游活动，但是因城市发展、道路状况等，很多都被取消了，目前还剩“苦难善耶稣圣像出游”“耶稣圣尸”“花地玛圣母圣像”等大型圣像出游仪式。

耶稣圣尸圣像出游，又称“圣尸出游”“殡礼游行”，是澳门历史悠久的宗教盛事，于每年复活节前一周的星期五举行。圣像出游前，教区主教先在主教座堂向祭台上的圣尸圣像奉香，接着出游队伍以圣殇旗及十字苦架领路，在教区主教陪同下，大耶稣会成员抬着横躺的耶稣圣尸圣像从主教座堂出发，其他成员亦抬着圣母玛利亚圣像尾随出发，游行途经罗结地巷、板樟堂街、主教巷，最后重返主教座堂。如今，越来越多的教友和市民参与这一圣像出游活动，以追念耶稣为救赎人类受难而圣死，整个场面庄严肃穆。

苦难善耶稣圣像出游也是澳门现存最大规模的传统宗教实践之一。在每年天主教四旬期的首个周六及周日，会进行俗称“出大耶稣”的苦难善耶稣圣像出游。

苦难善耶稣圣像出游在澳门的具体起源时间不详，但相关资料显示，其历史十分悠久。出游队伍主要由澳门教区主教、神职人员和大批本地及海内外的教友组成，每年亦有大批市民和游客参加。活动采用“拜苦路”的方式进行，以象征圣经中耶稣受难死亡的经过。澳门治安警察局乐队亦会沿途演奏哀歌，场面庄严肃穆。苦难善耶稣圣像出游分两天进行：首天，出游队伍由圣奥斯定教堂出发直接前往主教座堂；翌日，出游队伍会选择较长路线返回圣奥斯定教堂。回程时的礼仪有较丰富的元素，有扮演圣妇维洛尼加的女子在沿途所设的“苦路处”独唱哀歌，并由神父领祷及众教友答唱，气氛哀恸。

苦难善耶稣圣像出游由澳门天主教社群筹办，核心筹备团体主要由葡萄牙人和土生葡人组成，近年亦开始有越来越多的华人教友参与。该活动是澳门现存最大型的传统出游盛事之一，每年都有大批本地市民及海内外游客参加。经过长时间的发展，此活动亦已成为澳门本地的重点节庆旅游体验项目，充分彰显了澳门作为多元文化交汇兼容城市的活力。2017年，苦难善耶稣圣像出游和花地玛圣母圣像出游一同被列入澳门《非物质文化遗产清单》。

舌尖上的美食

澳门是一座以美食而闻名的城市，其饮食花样繁多，菜式菜品独具特色。福隆新街一带的中餐馆最为有名，湘菜、川菜、粤菜、杭帮菜、上海菜等各色菜系荟萃；中餐之外，意大利、法国、日本、韩国、泰国、印度、缅甸等国家的美食以及以葡萄酒和海鲜为主的葡国菜同样汇聚澳门。

除了菜品考究的餐厅，澳门的路边小铺也有让人惊喜的美味。位于河边新街一带的大排档，往往临马路露天而设，大多经营家常菜，且营业到深夜，本地人和外地游客常慕名前来。议事亭前地、福隆新街和新马路一带知名的甜品店经常挤满了排队的人，葡式蛋挞、鸡蛋布丁、雪耳炖木瓜、核桃露、木糠蛋糕、双皮奶、椰汁杏仁糊等，令喜欢甜食的人流连忘返。

澳门是一个族群高度多元化的社会，各族群的形成与发展，不仅与历史上一连串标志性事件有着直接而密切的关系，也受到不同时期澳门社会的经济文化结构的影响。移民社会是澳门的重要标签之一，不同来源的移民与本土人群交融形成了不同族群，孕育了多元的澳门文化。而不同的族群文化在密切的交流中最终达到了交融的状态，促使澳门风味呈现出多元融合的鲜明特征。

自16世纪中期开始，越来越多的葡萄牙人在澳门居住、开展商贸活动，中西饮食文化在独特的环境中进行交流融合。自19世纪以来，随着城市人口的增加，澳门的商业活动也渐趋频繁，除了茶楼之外，包办酒席和宴会的酒楼也逐渐出现。在独特的饮食文化氛围当中，以中菜为主的酒楼和茶楼占有重要地位。20世纪初，澳门的凤城派厨师制作的风味小菜在福隆新街等地兴起。随着中西文化的交流，澳门开始了融合共生的过程，其餐饮文化亦进一步集中西饮食之大成。据统计，当时澳门有西餐厅逾百间，中餐酒楼200多间，咖啡店、快餐店、中西饼店、风味小吃亦数以百计，遍布葡国菜、澳门土生葡菜、中国各地的菜系及其他国家的美食。

抗日战争时期，内地人士特别是一些私厨逃难到澳门，为澳门的餐饮业带来了资金和技术人才，特别是地方小吃和家乡风味，由此澳门中餐进一步向多样化的方向发展。第二次世界大战结束后，一批落叶归根的欧美及东南亚归侨参与经营澳门的餐饮行业，带来了改良后的西餐。不仅如此，随着一批外商、富户和技术工人辗转到澳门谋生，中西餐饮业更见规模。20世纪70年代，港式酒楼、四季火锅萌芽，外国的连锁快餐店、鱼翅海鲜酒家也相继登陆澳门。1999年澳门回归祖国以及进入21世纪以后，外资争相进驻澳门，出现了多家国际顶级酒店、尖子名厨食肆和高档主题餐厅，使澳门饮食风味和餐饮业更具特色。

历经数百年的积淀、蜕变之后，澳门餐饮业发展出独有风貌，不同国家美食在这里百花齐放，使得澳门风味包罗万象。2001年，澳门创办美食节。从本地主办到国际参与，这个最初小规模的美食节已发展为集吃、喝、玩、乐为一体的年度美食嘉年华，每年吸引世界各地的游客前来，“旅游+美食”展示着城市魅力。2017年，澳门更是被联合国教科文组织评为“创意城市美食之都”，成为继成都、顺德之后第三个获此殊荣的中国城市。

美食已成为澳门扬名于世的一张闪亮名片。在方寸之间的澳门，小街窄巷的片隅之地，传承古早、融汇东西、万象纷呈的美食令人目不暇接。从早餐到宵夜，从茶餐厅到大排档，澳门美食文化展现出的中西交融多彩的地域特色既体现了其丰厚的文化和内涵，也反映了社会各阶层的生活形态，承载着澳门人对美好生活的无限向往，也成就了澳门独具魅力的市井风情。

美食是这座城市生生不息的象征，将澳门美食传承好、发展好也成为澳门各界的共识。通过政府、院校和业界的共同努力，2019年澳门举办了“澳门国际美食论坛”，为中外厨师提供交流平台，让市民和游客体验多元的现代美食文化。传承是积累和传播的过程，其中积累是前提。澳门各界通过广泛合作，建立澳门土生菜数据库，还在澳门旅游学院图书馆设置澳门土生菜数据库专题室，提供一系列珍藏食谱、手稿、土生菜书籍及刊物等，让澳门400多年的美食文化以图文的形式得到记载，为传承积累载体。在传播方面，澳门通过为餐饮业提供网上教学影片，并开设工作坊和举办讲座等方式，扩大美食文化传承主题，让美食文化走进民众生活。另外，澳门特区政府还在多项盛事活动中加入美食元素，推动了美食与跨领域创意的融合，将创意、美食与优良服务相结合，让澳门餐饮业更显多元化，也使业界迎来更大的发展空间，让“创意城市美食之都”的称号深入人心。

土生葡人美食烹饪技艺

美食是澳门城市风情的象征，土生葡人美食又是其风情的具象表达。

作为澳门重要的族群之一，土生葡人主要指在澳门出生、具有葡萄牙血统的居民，包括葡人与华人或其他族群结合的后裔，以及长期或数代在澳门生活的葡人及其后代。

16世纪，葡萄牙人控制了欧亚之间以及印度和非洲大部分地区在内的贸易路线。当时，葡萄牙的商人和海员来到亚洲，与印度、马六甲等地区的女子通婚并诞下了很多欧亚混血儿。后来明代实行海禁政策，葡萄牙人转而进行中日之间的贸易，亦开始与日本及中国女子结婚。进入清代，随着贸易规模的扩大，澳门的葡人和中国人都大量增加。有的葡人已经在当地居住了数代人，也有携家带口来澳门生活的葡人和混血儿。他们开始说粤语，并与当地商人后代广泛通婚。

到17世纪，中葡通婚在澳门城内已是十分普遍的现象。曾有耶稣会士报告书中记载：“澳门葡人妻妾大多是中国人和具有中国血统的人。”英国人芒迪在《澳门记事》中记载：“全城除一名葡萄牙出生的妇女之外，居民的妻子不是中国人就是中葡混血儿后代。”除了葡萄牙男性娶华人女性为妻，也有不少华人男性娶葡萄牙女性为妻。明末清初诗人屈大均在《广东新语》中记载：“葡人得一唐人为婿，举澳相贺。”就这样，在澳门逐渐形成了一个新的族群——土生葡人。

土生葡人给人最直观的感受就是文化交融。土生葡人被形容成“用筷子吃牛排，用刀叉吃饭”的族群。以土生葡人的家居饮食为例，早餐一般吃面包、喝咖啡，经常加鸡蛋、香肠或火腿；有时吃面条、肠粉。午餐、晚餐一般吃中式饭菜，有时吃面包、喝咖啡。在土生葡人中流行的“双重婚礼”更是中西文化交融的代表。所谓“双重婚礼”，就是一方面保持西方天主教婚礼的仪式，同时又会按照中国传统婚礼仪式再举办一场。在20世纪70年代，一场典型的土生葡人婚礼甚至会举行好几场，首先举行一场传统的天主教婚礼，之后举行一场中式婚礼，包括哭嫁、敬茶的传统仪式。新人早上去教堂，下午就在茶楼招待来宾吃茶，晚上还要在中式酒楼大摆酒宴，如此才能让所有宾客满意。

土生葡人长期浸润在两种不同文化和生活习俗的社会环境之中，在中、葡文化并存的基础上，在相互吸收、融合中，诞生了一种新式的、独有的澳门文化，土生葡人饮食文化便是其中的代表。

土生葡人美食结合各地烹饪所长，经历数百年的融会贯通，形成一种独特的饮食文化。16世纪初，葡萄牙人乘船东来，沿着非洲西海岸，绕过好望角，经过印度、马六甲到达澳门。在那个以风帆为动力的年代，在漫长的海上航行和沿岸停泊期间，葡萄牙人将非洲和亚洲不同地区以及不同民族的生活方式、饮食习惯和文化习俗渐渐糅合在一起。他们在中国南海之滨的澳门定居时，将自身的欧洲文化以及沿途各地的不同习俗与华人的生活方式相结合，逐渐形成了“土生葡人美食烹饪技艺”。葡萄牙人将在食物和饮品中添加的各种调料品统称为“香料”，而东方香料是欧洲–远东海上贸易的主要商品，为葡萄牙人带来了丰厚的利润。葡萄牙人是最早了解东方香料并经营贸易的欧洲人。堪称“最初代的融合菜”的土生葡菜以葡萄牙式烹调方法为基底，融合了澳门的烹饪所长和饮食风俗，添加了东南亚独有的香料，是最地道的澳门菜之一。

正宗的葡萄牙菜味道极咸、极甜、极酸，口味浓烈，以烧、焗、烤、烩等为主要烹饪技法。土生葡人的烹饪技艺则融合了中西方的烹饪文化。例如，葡国鸡是土生葡人首创性地融汇中式烹调鸡的烧法，然后加入东南亚的香料，最后用西式的烤法制成；焖烤猪肉则采用中国传统的烧法，先将肉煮熟后放在猪油中炸至焦黄，然后使用葡萄牙菜常用的调料胡椒、藏红花、桂叶和蒜末等烹制而成；“什锦饭”也是一道中西合璧的主食，以西红柿汁调味的米饭为主，配以大香肠片、中式火腿、鸡肉、葡萄干、煮熟的鸡蛋、土豆和炸面包干等制成。

据《香山县志》记载，洋桔（竹桔）“来自洋舶，土人有种者”；菽和兰豆“近数十年得种于澳夷，今处处种之”；薏苡“出外国，曰洋葱苗”；耶珠菜（蕃荠兰）“其种来自蕃舶，夷人多种之”。青豆、莴苣、洋葱、甘蓝、水田芹、菠萝和番荔枝等最早均由葡萄牙人带入

土生葡人美食——牛油糕（澳门文化局供图）

中国。葡萄牙的腊肠、黑水榄、清水榄、橄榄油等已经成为澳门美食的主要原料。马介休，源自葡语Bacalhau，是一种将鳕鱼用盐腌制却并不风干保存而成的食材，被誉为“葡萄牙人的国宝级食材”，也是诸多澳葡菜的主料，配以东方的食材如米饭等，制成的马介休炒饭堪称一绝。

另外，葡萄牙人在航海途经之地——印度和东南亚等地搜集的各种香料，如咖喱、肉桂、胡椒、肉豆蔻、姜黄等也被广泛用于澳葡美食的制作之中。中国广东地区的腌菜、咸鸭、咸菜、葱、腊肠、火腿、米粉等也常常成为饭桌上的主角。

土生葡菜是澳门独特的美食。土生葡人以葡式烹调技艺为基础，用来自非洲、东南亚及印度等地的不同香料和配料来烹调菜色，加上中国菜的烹饪方法和口味，烹制出糅合中葡特色的佳肴，后演变成今天美味的澳门土生菜。数百年过去，以澳门土生美食为代表的澳门特色饮食文化，深受本地人及全球各地游客的喜爱。

2021年，土生葡人美食烹饪技艺成功入选国家级非物质文化遗产代表性项目名录。这项技艺的保护和传承将得到更多的关注和支持。未来，澳门美食定会成为更多人的乡愁记忆，也会有更多人通过美食了解澳门、爱上澳门。

凉茶

在澳门的大街小巷，凉茶铺随处可见。它们通常小小的，甚至有些简陋，或占闹市一角，或居偏巷一隅，大都生意兴隆，因为每家店铺都有相对固定的熟客光顾。凉茶铺的柜面上摆放着已经盛好凉茶的小碗或杯子，顾客可以选择一饮而尽后继续赶路，也可以坐在店中细细品味。凉茶铺内传统的中式装潢诉说着时光的故事。

凉茶盛行于两广、港澳地区，与岭南气候和水土有很大关系。岭南古为百越之地，多瘴气，百姓染上瘴疠后，在当时的医疗条件下，很难治愈。所以，淮南王刘安谏汉武帝远征岭南时说：“南方暑湿，近夏瘴热，暴露水居，蝮蛇蠹生，疾病多作；兵未血刃，而病死者十之二三。”

306年，东晋道学医药家葛洪南来岭南，由于当时瘴疠流行，他便开始悉心研究岭南的各种温病医药。《肘后备急方》是葛洪留给后世的中医方剂巨著之一，书名意为“可常备在肘后（带在身边）的应急书”，即现代人们所说的“袖珍手册”。葛洪在《肘后备急方》中记载了很多契合岭南气候的药方，如“老君神明白散”“太乙流金方”“辟天行疫疠方”等，是用来治疗瘴疠、四时感冒、严寒发热、温热上火等症状的，与后世的凉茶有异曲同工之妙。

葛洪遗留后世的医学专著是凉茶形成与发展的重要根基。此后，岭南温病医家不断总结劳动人民长期防治疾病的丰富经验，改良并形成了岭南文化底蕴深厚，具有清热解毒、生津止渴、祛火除湿等功效的凉茶，其配方、术语世代相传。关于凉茶的历史典故、民间传说在岭南和海外广为流传，经久不衰。数百年来，林立于广东、香港、澳门的凉茶铺，形成了一道独具岭南文化特色的风景线。

澳门很多凉茶铺的历史都比较悠久。在1958年的《澳门年鉴》中有一份“凉茶”特别名单，列出了28家凉茶铺和100多个凉茶摊位。要知道当时的澳门常住人口只有15万人，这足以证明当时的凉茶在人们心中的重要地位。可以说，它已经成为当地居民的日常饮品。另据文献记载，最早，澳门炉石塘街的“大有益凉茶”和清平直街的“显记凉茶店”在当地最为有名，广受人们喜欢。其中，“显记凉茶店”拥有当时澳门最优雅的座位。为了能吸引更多的顾客，店里还设立了可以供顾客喝茶时收听的广播，后来还增加了可以供顾客免费阅读的报纸。

除此之外，较为有名的凉茶铺还有始建于清代、至今已有200多年历史的“大声公凉茶”。老板吴先生有个外号叫“大声公”，店铺的名字即由此而来。为了买到好的材料，老板都是亲自去澳门炮台山和其他山头选草药，有时也会前往中山和其他地方购买草药。乌黑的汁液喝下去，除了有明显的清肝退热和解渴功效外，还可以体验中国悠久的凉茶文化。“大声公凉茶”店铺如今也传承至第三代人手中，营运不断。

凉茶，既不凉，也非茶。虽然名字叫凉茶，但一般要喝热的，而且配方里并没有茶叶，而是将药性寒凉和能消解内热的中草药煎水而成的饮料，可消除夏季人体内的暑气，或冬日干燥引起的喉咙疼痛等疾病。有一句俗话：“大病看医生，小病喝凉茶。”澳门凉茶的配方近30种，澳门市面上流行的仍有20余种，主要功效分为苦寒泻火湿、甘凉泻热消郁、甘凉泻热润燥。按药材使用数量，凉茶又可分为单方和复方。单方就是只使用一种药材熬制，复方就是用多种药材熬制。凉茶价格一般在3—30澳门元之间。

时至今日，凉茶依然是澳门民众日常保健的饮料。除可在凉茶铺饮用凉茶外，人们也会到中药房购买包装茶回家煎服，或者购买一些凉茶品牌在传统配方的基础上研制出的方便饮用的颗粒剂、袋泡茶及瓶装饮料等。可以说，饮用凉茶清热祛火是澳门民众日常生活中不可或缺的一部分。

凉茶在先秦至唐宋期间渐渐发展而成，早期是以传统草药的形态存在于人们的生活当中。后经岭南地区人民长时间反复试验和调配，结合了饮食和医学，其配制基于中医理论，并融入饮食文化当中，成为用于预防疾病和日常保健的功能性饮料，承载了深厚的岭南文化底蕴，是民间智慧的结晶和适应当地水土环境的文化产物。

2006年，由广东省文化厅、香港特别行政区政府民政事务局、澳门特别行政区政府文化局共同申报的凉茶项目，被列入第一批国家级非物质文化遗产代表性项目名录。成功入选后，凉茶不仅得到了国家文物保护法的保护，而且还得到了联合国《保护非物质文化遗产公约》在世界范围内的保护。

如今，凉茶产业及其所代表的中医药产业已进入一个全新的发展阶段。一些凉茶的老字号有了自己的生产车间，现代化的生产流水线和完备的消毒杀菌设施已取代了老式的瓦罐煲煮，自制的瓶装饮料也采用环保塑胶瓶灌装，实现了转型升级。今日的凉茶，早已走向了世界，不仅让粤港澳大湾区的人们及无数海外华人华侨体会到了家乡的味道与温情，也让更多的外国人体会到了岭南的特色美食及文化。澳门凉茶的知名度已在东南亚、欧美等地扩展，打开了更大的市场，并向世界传播着中华饮食文化。2022年，中国凉茶产量达600多万吨，销售范围已覆盖中国及美国、加拿大、法国、英国、意大利、德国、澳大利亚、新西兰等多个国家，凉茶已成为全球饮料界的一匹“黑马”。

葡式蛋挞制作技艺

葡式蛋挞是澳门小吃中最有名的一种，又称“葡挞”。葡挞是蛋挞家族的一员，“挞”指馅料外露的西式馅饼。用鸡蛋、牛奶、糖制成的蛋挞，在欧洲已有数百年的历史。20世纪20年代传到中国广州，广州厨师把中式炖奶与“挞”结合，发展出了广式蛋挞。后来，广式蛋挞与虾饺、叉烧包、干蒸烧卖并称粤式早茶“四大天王”。

相传，葡式蛋挞诞生于200年前，由修道院的修女们发明。当时制作修女袍时会用到蛋清，为了避免剩余的蛋黄浪费，便以其为原料制作糕点。后来，有饼店买下了这个糕点配方并将其发扬光大。因为饼店位于里斯本的贝伦区，所以这种葡式蛋挞也被称为“贝伦挞”，至今仍是里斯本的著名美食。

发明澳门葡式蛋挞的既不是中国人，也不是葡萄牙人，而是英国人安德鲁·斯托，这也是澳门多元文化交融的一个缩影。安德鲁因工作原因定居澳门。1989年，他和太太玛嘉烈在路环开设安德鲁饼店，主打的产品是新鲜、健康的欧式点心。在澳门做生意，葡萄牙人是重要的消费群体，因此安德鲁决定制作葡式蛋挞以慰藉生活在澳门的葡萄牙人的思乡之情。在没有配方的情况下，安德鲁借鉴粤式炖奶，融合采用英国式的糕点做法，改良面粉、蛋液和奶油的比例，创制出备受人们欢迎的澳门葡式蛋挞。澳门葡挞与广式蛋挞同中有异，澳门葡挞的挞皮是一层层的，挞心放奶油；广式蛋挞的挞皮酥香，挞心有弹性，口感似布丁。

澳门葡式蛋挞的制作过程分为制作挞皮和蛋浆两个步骤。烘焙师傅先用低筋面粉揉搓成光滑的挞皮面团，将面团反复折叠后静置松弛，然后把面团切成小块放入挞模掐成蛋挞形；再将牛奶、砂糖充分

澳门葡式蛋挞制作（澳门文化局供图）

搅拌，倒入纯蛋黄的蛋液，加入忌廉混合成蛋浆后倒在挞皮上，放入焗炉进行焗烤。新鲜出炉的澳门葡挞香气浓郁、甜而不腻，层层酥松的挞皮和焦香金黄的蛋浆是澳门葡挞的主要特征。

现在澳门许多饼店都制作并供应葡挞，但各家饼店所使用的配方和烘焙手法各有不同。如今，葡挞已发展成为澳门本地特色甜点的代表，为当地居民和游客所喜爱。澳门邮局还曾推出专属的澳门葡挞邮票，可见葡挞在澳门民众心中的重要地位。2020年，葡挞制作技艺被列入澳门《非物质文化遗产清单》。

竹升面

作为主食，面条在中国已传承数千年。因各地的制法和材料不同，形成了不同品种的面条。其中广东全蛋面细如银丝，口感爽滑有蛋香，因以竹升打面而成，故称“竹升面”，是珠三角地区的传统特色面食。

竹升面俗称“玉液银丝”。“玉液”指面团色泽黄灿，“银丝”则指面条细幼嫩滑的形状。制作这一美食时，人们以竹竿一落一升的姿态为其命名，又含有“步步高升”的好兆头。

竹升面以高筋面粉、鸭蛋、碱水为材料，使用鸭蛋和碱水是为增加面条的蛋香和嚼劲。制作竹升面，先经搓粉、和面的工序制成面团；再用竹竿（因“竿”的粤音同“干”，有干枯衰败之意，遂改称为竹升）压打面团，打面师傅骑在竹升的一端弹跳重复压打（行内术语称此工序为坐升、跳升和连升），使面团更加密实有筋度；接着将压平呈布状的面皮来回折叠并过生粉，然后切成条状，再执面成团。

在制作过程中，打面师傅需要熟练掌握面的材料比例、干湿、软硬及厚薄程度，全凭经验和技巧。下面的过程也很有讲究，需要将面放在漏勺里，然后用长筷子快速打散面团，紧接着迅速将面捞起过冷河，最后再放回滚水中回焯。这三道冷热交替的工序，造就了竹升面的爽脆弹牙。传统食法是将煮好的竹升面，加上云吞、水饺、牛腩等配料，以及由大地鱼、银虾、猪筒骨等熬成的汤底一起品尝，亦可做

竹升面制作（新华社供图）

成捞面。

“六记粥面”是澳门的一家传统老店，连续12年获得“米其林美食指南推介”。在澳门这座美食之都里，获得这样的荣誉十分难得。1945年，“六记粥面”的创始人李六在澳门沙梨头一带开设“六记”大排档，后来传给了儿子李明佳，如今由孙辈李文龙经营。作为第三代传人，李文龙坚持使用传统的方法制作竹升面。这项看似轻松的工艺，其实是项体力活，需要经过上万次的反复碾压，才能制作出通透薄软的面皮。之所以坚持传统制法，是因为竹升能够将碱粉面化开，同时加压密度，使面条更爽滑弹韧。

竹升面是澳门极具特色及代表性的传统面食，其制作技艺是中华饮食文化在澳门传承发展的重要体现，其技艺特色是本地传统制面方法的精髓，对研究澳门本地饮食文化及制面行业的发展具有一定的价值。

昔日广东全蛋面依凭手工制作，以竹升打面，工序繁复。行内一般以师徒制传承打面技艺，学徒需数月至一年的时间才能掌握技艺，视资质而定。20世纪70年代，澳门制面行业开始机械化，部分或全部工序改用机器生产，大大提高了产量，降低了成本。机器生产致使竹升面手工制作趋向式微，再加上打面技艺易学难精、需耗费较大体力，其传承亟待相关部门的扶持。

虽然竹升面仍是市民和游客喜爱的地道特色面食，但澳门现今仅有数间面店以竹升打面。2020年，澳门特区政府文化局将竹升面制作技艺列入澳门《非物质文化遗产清单》，这将有助于对其进行保护传承。

2016年，北京故宫博物院和中央广播电视台合作了《我在故宫修文物》节目。该片真实记录了珍贵文物的修复过程，展现了这些国家非物质文化遗产的技艺与传承人的日常工作和生活状态，展示了北京故宫博物院文物藏品的原始面貌和文物修复的高超技术，记录了“文物医生”和他们的“文物复活术”。节目播出之后迅速走红网络，在哔哩哔哩网站上获得了极高的人气，点击量近200万，豆瓣评分高达9.4分，成为年度最具影响力的纪录片。在哔哩哔哩网站上，《我在故宫修文物》收获了六万多条弹幕，网友们用弹幕表达着观赏纪录片的感受，如“三集不够看，要看第四集”“一生只做一件事，文物修复师才叫作工匠精神”“简直是故宫的招聘广告，我要投简历”等。片中的文物修复师在网友的心目中的形象也格外高大起来。节目的良好口碑快速传播、发酵，在年轻人中受到热捧。

制作这部纪录片的初衷，是希望通过民众喜爱的方式，让文物修复大师走到前台，同时让百姓走近传统手工艺。事实证明，优秀的传统技艺是深受民众喜爱的，也是我们今天应该大力传承和发扬的。

故宫现有古建筑9371间，建筑面积约23万平方米，是世界上现存最大、最完整的木结构古建筑群，也是世界上最大规模的皇宫建筑群，拥有世界上数量最多、价值最高的180余万件（套）中国文物藏品。故宫是中国2000多年宫城史上保存下来的唯一完整实例，故宫的古建筑是中国古代官式建筑最后阶段的典范。今天，在故宫内保存了明清官式古建筑的各种类型，百科全书式地反映了明清时代的宫廷面貌。

目前，故宫官式古建筑营造技艺、青铜器修复技艺、古代钟表修复技艺、书画装裱修复技艺、古书画临摹复制技艺等，已被列入国家级非物质文化遗产代表性项目名录。这些非物质文化遗产历史悠久，例如，故宫官式古建筑营造技艺已有600多年的历史，故宫钟表修复技艺也已经延续了300多年。并且，这些传统技艺至今仍然被运用于可移动文物和不可移动文物抢救性保护与预防性保护的日常实践之中。

故宫博物院成立近100年来，在保护、传承这些非物质文化遗产方面不遗余力，培养了许多知名专家，例如享誉一时的古建筑修缮“故宫十老”，即“木作”杜伯堂、马进考、穆文华、张文忠，“瓦作”周凤山、张国安，“油画作”张连卿、何文奎，“石作”刘清宪、刘荣章；还有钟表修复专家徐文磷，书画装裱修复大师杨文斌、张耀选、孙承枝，青铜器修复专家赵振茂，书画临摹复制专家金仲鱼、陈林斋等。在一代代文物修复专家的努力下，故宫古建筑群得到持续修缮保护，逐渐恢复紫禁城庄严壮美的风貌；一大批文物藏品得到了科学修复，如绘画《五牛图》、青铜器“莲鹤方壶”等珍贵文物，对于传承弘扬中华优秀传统文化，满足广大民众精神文化需求做出了重要贡献。

然而，随着岁月的流逝，各项传统技艺日渐退化，非物质文化遗产的保护与传承危机凸显。非物质文化遗产的保护与传承关键在人，没有人就没有非物质文化遗产，更谈不上保护与传承。

在古建筑保护与传承方面，故宫也曾面临“人去艺亡”的风险。故宫古建筑群经明、清两代多次重修和扩建，仍然保持着原来的布局，原因在于故宫拥有专业的修缮队伍，坚持使用传统材料、传统工艺、传统技术，传承和发展着几百年来的官式古建筑营造技艺，最大限度地保持古建筑本来的面貌和所携带的历史信息。故宫古建筑修缮队伍成立于20世纪50年代初，陆续进行过600多项古建筑修缮工程，积累了丰富经验和档案资料。但是，2010年，由于各种原因，延续60年的故宫古建筑修缮队伍被迫解体。在当时的财政管理体系中，古建筑修缮工程被视为一般性的土木工程，“一刀切”地采取公开招投标的方式确定施工单位，引发了一系列保护和传承方面的问题。

在文物修复专家队伍稳定方面，也出现了问题。当时已有的文物修复专家年龄结构老化，并且存在退休以后不能返聘或返聘待遇较低的状况。当时，故宫有木、瓦、油、画、石等各项作业的专业技师10余名，大都具有30年以上的从业经历，具有丰富的专业技能和实操经验；但是他们的平均年龄在55岁以上，绝大多数已经接近或达到退休年龄，按照当时的有关人事制度规定，他们属于工人身份，不能返聘工作岗位。

从某种意义上来说，故宫官式古建筑营造技艺保护和传承所遇到的问题，不仅是工艺与技术的问题，而且是认识和态度的问题，即以什么样的理念对待中华优秀传统文化和文化遗产保护的问题。

故宫内乾隆花园的倦勤斋为一排九间坐北朝南的琉璃瓦房，从外表来看，并没有什么特别之处，但是修缮时就遇到几十种特殊工艺，例如天棚顶上的60多平方米的通景画，背面衬的是乾隆时期用纯桑皮制作的韧性超强的纸，但是这种纸几乎已经无人生产。最终，我们在安徽岳西县毛尖山乡板舍村，找到了有五代祖传手工造纸工艺的传承人，经过上百次试验，终于获得符合质量要求的传统桑皮纸。我们把通景画重新裱在上面，虽然这一努力的成果被隐藏在通景画后面，但是如果200年、300年后再修倦勤斋，人们就可以知道当年用的是什么材料、什么工艺，这就是“为未来保护今天”的可持续发展观。

澳门作为一个历史悠久的多元文化交汇地，其传统手工艺在这片土地上有着深厚的根基和丰富的表现形式。早在明清时期，随着海上丝绸之路的兴盛，澳门成为重要的贸易港口，各种手工艺品通过商船源源不断地输入和输出。这一时期，澳门的手工艺品不仅包括中国传统技艺，如瓷器、木雕等，还融合了葡萄牙等西方国家的工艺特点，形成了独具特色的工艺风格。例如，澳门的陶瓷工艺品既有中国传统的釉彩技法，又融入了葡萄牙的图案设计。

传统手工艺作为澳门文化遗产的重要组成部分，是通过漫长历史时期逐步形成和遗留下来的宝贵财富，反映着城市的历史、社会、思想的变迁，是一个城市文化个性的生动体现。然而随着经济结构转型，澳门传统手工艺也面临需求减少、传承人不足等困境。历史与现代是继承与发展的关系，对于一座城市来讲，保护文化遗产是为城市的未来保存历史，为城市的发展保存资源。保护传统手工艺同样如此。

近些年，澳门特区政府高度重视传统手工艺的保护与传承，制定了一系列政策措施。通过设立非物质文化遗产保护项目，澳门将一些具有重要历史和文化价值的手工艺项目列入保护名录；通过财政资助、政策优惠等方式，支持手工艺人的创作和生产，鼓励他们传承和发扬传统技艺。澳门特区政府还不断完善法律体系，这些法律不仅明确了政府和社会各界在保护传统手工艺方面的责任和义务，还规定了相关的保护措施和惩罚机制，确保保护工作有法可依、有章可循。

保护和传承传统手工艺也需要社会各界的广泛参与。澳门的许多文化团体、非政府组织和企业积极参与其中，通过举办各类文化展览、培训班和工作坊等方式，推动传统手工艺的传承和发展。澳门还通过在学校和社区开设手工艺课程和培训班，培养年轻一代对传统手工艺的兴趣和热爱。许多手工艺大师也积极参与到教育培训工作中，担任培训班的导师，手把手教授传统技艺，确保这些宝贵的文化遗产能够代代相传。

与此同时，现代科技和设计理念的引入为传统手工艺注入了新的活力。许多传统手工艺人开始探索将现代设计与传统工艺相结合，开发出具有市场竞争力的新产品。例如，传统的陶瓷工艺与现代艺术设计相结合，推出了兼具实用性和观赏性的艺术陶瓷产品；传统刺绣与现代时尚设计结合，开发出具有浓郁地方特色的时尚服饰和家居用品。

澳门的传统手工艺在政府和社会各界的共同努力下，已经初步形成了保护与创新并重的发展模式。澳门的经验和做法，对其他地区保护和发展传统手工艺具有重要的借鉴意义。未来，随着保护和传承工作的深入开展，澳门的传统手工艺必将进一步繁荣发展，为丰富澳门的文化多样性和推动经济社会发展做出更大的贡献。

葡萄牙瓷砖画制作技艺

葡萄牙有着“瓷砖之国”的美称。8世纪时，阿拉伯人占领了伊比利亚半岛（葡萄牙位于伊比利亚半岛西部），穆斯林工匠在此地定居下来并开始制作瓷砖。因此，葡萄牙语中的“瓷砖”一词来源于阿拉伯语中的“Al-zuleique”，意为“光滑的小石头”。葡萄牙瓷砖是一种小而厚的陶瓷片，尺寸多为15厘米×15厘米的正方形。葡萄牙人将瓷砖大量应用于建筑墙壁装饰上，以拼贴出几何和花草植物图案。工匠使用瓷砖装饰的地板和墙壁得到了葡萄牙国王的赞赏，因而从15世纪开始，这种工艺在建筑上逐渐占据重要地位。16—17世纪，葡萄牙瓷砖艺术达到了发展的鼎盛期，这一时期也是中葡经济文化交流最为频繁的历史时期。

瓷砖画制作（澳门文化局供图）

16世纪，葡萄牙商人首次将中国青花瓷带入欧洲市场。这些精美的瓷器不仅在全欧洲迅速风靡起来，还受到了许多皇室贵族的青睐，其中以葡萄牙国王曼努埃尔一世最为著名。在他的推崇之下，葡萄牙皇室成员们逐渐不满足于中国直接出口的瓷器，他们开始寻找途径进行订烧。曼努埃尔一世浑天仪徽章的青花玉壶春瓶是现存最早的专为西欧国家订烧的瓷器之一。

16世纪，中葡海上瓷器贸易繁盛，但此时葡萄牙瓷砖的装饰风格和制作方式主要还是受穆斯林风格、意大利文艺复兴装饰风格影响。17世纪，荷兰海上贸易逐渐崛起，他们同样将大量中国瓷器引入整个欧洲，并对荷兰本土制瓷业产生影响，瓷器质地和装饰风格向中国瓷器靠拢。此时的葡萄牙瓷砖仍受伊斯兰文化影响，依然使用对角线作为装饰的技法，并且色彩丰富。到17世纪末，受中国瓷器风格影响的荷兰代尔夫特蓝白瓷砖对葡萄牙瓷砖市场产生了重大冲击，葡萄牙瓷砖开始改变纹样装饰，原本色彩斑斓的瓷砖画逐渐演变成蓝白色系，并加入更多的故事性和宗教性的图案内容。这种装饰方式至今仍然是当地建筑装饰的主流样式，从里斯本遍布葡萄牙的各座城市。

传统的葡萄牙瓷砖画砖片起初都是手工制作的。首先要把生黏土压制成形，塑造砖片的基本骨架，然后进行烧制；烧制结束后再淋上釉料，普通的生黏土就会变成吸水性非常好的绘画砖片；使用釉药在瓷砖上绘制图案，并根据不同颜色釉药需求的温度放入窑炉中再次烧制，瓷砖画就会显现最终的形状，将不同的瓷砖拼贴在一起就形成了一幅瓷砖画。2020年，葡萄牙瓷砖画制作技艺被正式列入澳门《非物质文化遗产清单》。

葡萄牙瓷砖艺术在澳门本地有着许多体现。如澳门的路牌就是葡萄牙瓷砖艺术与澳门本土特色结合而成的典型例子。路牌由8块葡萄牙瓷砖拼贴而成，色彩以蓝白两色搭配而成，对比强烈，简洁明快，路牌立于地面或是固定在建筑墙面上，形成了澳门独具特色的符号。新马路市政署大楼、望厦炮台斜坡、纪念孙中山市政公园外墙的古地图等也都有瓷砖画元素。

澳门瓷砖画主要以图形纹样和具象的叙事性绘画拼贴为主。图形纹样主要为西式的卷草纹和莨菪叶纹，瓷砖上的纹样对称或均衡

瓷砖画（澳门文化局供图）

排布，先构成基本单元图形，再向四周重复装饰。具象的叙事性绘画拼贴则选材丰富，涉及动物、植物、人物、建筑等，主题包含澳门生活、宗教神话、中葡友好关系等。澳门国际机场有一幅大型瓷砖画，以“澳门，一个中国文化和葡萄牙文化融合的窗口”为创作理念，分成宗教神话、航海学、天文学、音乐舞蹈四个部分进行设计，并且以大三巴牌坊和中国古代神话动物——龙为轴心，对称分布，体现了中西文化交融。

在澳门，经过这么多年的蜕变发展，不仅在一些公共空间中可以看见葡萄牙瓷砖画，在一些产品设计及宣传纪念品设计中也能看到葡萄牙瓷砖画元素。澳门回归20周年时，星巴克咖啡推出了一款限定城市杯，杯子以葡萄牙瓷砖花纹为设计灵感，白底蓝花的卷草纹排布整齐，颜色轻快明亮。这款城市杯一度卖到断货，体现了民众对瓷砖画文化产品的喜欢。2021年，日本三丽鸥双子星与美国大富翁游戏联名出了一款游戏套装。游戏地图里的地名均为澳门真实地名，景点图则以白底蓝花的手绘风格进行呈现。这款游戏一经推出，便受到消费者的追捧。

葡萄牙瓷砖画经历了多种发展形态，最初只是作为建筑装饰的附庸物，后来慢慢地演变为一门独立的艺术形式，并在现代的公共空间及文创产品中得到了广泛的应用，在延续传统样式和技艺的同时，让人们强烈地感受到这种古老的艺术形式和与时俱进的现代生活之间的密切关系。葡萄牙瓷砖画是澳门的城市标识之一，是这座城市中不可或缺的一部分，也是澳门文化历史的重要组成部分。

未来，我希望澳门以葡萄牙瓷砖画为载体，以澳门本地题材和图案创作出更多展现澳门特色的产品。同时，以文化为媒，吸引更多的人来到澳门，感受澳门文化。

神香制作工艺

神香是供神时用的一种熏香，又被称为“线香”。古人在祭祀神灵和祖先时多焚香，古人认为焚香产生的烟缕有通达神灵之效，渐渐地，神香在各种宗教仪式和民众生活中得到广泛使用。随着儒释道三教合一，烧香更是成为东方信仰中必备的敬神环节，庞大的需求促进了制香业的发展。

传统的澳门制香为全手工制作，主要分为搓香和淋香两种工法。搓香是指先在盘中依比例混合好木糠、香料和香粉，倒入盆中徒手来回搓揉，香粉受热产生黏性后，把竹枝逐根放入香粉中滚动，直至竹枝沾有足够的香粉，再进行搓揉后经晾晒风干。搓香十分讲究技术，工艺细致，且需要逐枝制造，成本和价格相对较高。淋香是指直接将一大束竹枝浸在水中，再插进香粉浆里，重复三次后晒干。淋香工法的效率较高，但制香质量不如搓香。

据《澳门政府宪报》报道，澳门早于1863年就有了神香制造厂。到1867年，神香制造厂的数量已达13家。由于善男信女礼拜神明、渔民祭祀祖先均需要焚香，对神香的需求旺盛使神香业在澳门迅速崛起。20世纪三四十年代，正值抗日战争以及第二次世界大战，受战争影响，中国内地的制香业受到重创。而当时，澳门的空地较多，工人薪资相对低廉，再加上澳门与内地紧紧相连，制香材料较易运输……诸多有利条件相结合，使制香业在澳门得到发扬光大。20世纪50年代至70年代，澳门制香业发展至高峰，制香厂达40多家。但是20世纪80年代，随着内地市场的开放，内地制香业重拾市场领导地位，加之制香所需的空间和人力资源日益紧张，澳门制香业日渐萎靡，仅余少数的制香手艺人仍在维持经营。

昔日，神香制造业与火柴、炮竹并列为澳门三大手工业，是澳门经济的重要支柱。20世纪五六十年代的澳门，手工业正值黄金时期，那时印有“澳门制造”字样的货品远销至世界各地。澳门火柴工业曾日产170万盒火柴，远销东南亚以及欧美国家，被称为“远东最好的火柴”。澳门炮竹业从业人员也曾达数万人，占总劳动人口的四分之一以上，每年外国市场订单数以百万计，带来丰厚利润。除了三大手工业之外，澳门的造船业、酿酒业、酱油业等同样发展繁荣。但从20世纪60年代开始，随着澳门经济结构调整，传统手工业地位下降，纺织、成衣、玩具、塑料和电子业等行业兴起。20世纪70年代中期到90年代中期，旅游博彩业、出口加工业、地产建筑业、金融保险业成为澳门经济的四大支柱。

支柱行业的转变，代表着一个时代的消逝。曾经澳门民众借以谋生的行业，如今已经不再有往日盛况。神香制作工艺工序复杂、技术细腻，是中华传统工艺文化在澳门传承发展的重要体现，承载着民众的记忆和情感。联合国在对非物质文化遗产的定义中，强调了非遗的世代相传、人与历史的连接、持续性以及再创造等基本特点，体现了非物质文化遗产在历史发展中的记忆作用及其厚重的文化价值。作为澳门曾经最具代表性的三大手工业之一，神香业背后的文化独特性更显珍贵。

随着时代的发展和科技的进步，如今部分行业已消失或式微，但它们对澳门不同时期的社会精神、人文面貌产生了重要影响，为澳门的发展做出了突出贡献。我们今天应不断发掘其文化价值，并借用丰富的载体将其传承下去。例如利用多媒体平台，以文字、图片、影片等形式展示澳门神香业；建立神香制作工艺传承空间，邀请相关传承人、创新应用人入驻，守护文化根基。同时，整合文献史料、制作工具、代表性成品等资源，讲述历史与传承的故事。2017年，澳门博物馆举办了《峥嵘岁月——澳门传统手工业专题展》，旨在让市民和游客回味往昔澳门手工业辉煌的日子，体会澳门社会中的变与不变。为使展览更具吸引力，主办机构分设神香业展区、火柴业展区、炮竹业展区、对外贸易展区、教育区及神香、炮竹模拟场景展区六大展区，并设有放映区。通过展场中约210件（套）展品，立体地展示及涵盖了昔日三大行业的出现至式微的过程，力求让公众全面地了解澳门传统行业的发展。

2020年，澳门神香制作工艺作为一门传统手工技艺被纳入澳门《非物质文化遗产清单》项目，成为澳门制香业发展历史中又一重大里程碑。在社会各界的重视下，澳门的传统工艺、行业一定会产生新业态、新格局。

木雕（神像雕刻）

木雕（神像雕刻）是澳门传承逾百年的民间工艺美术，在工艺上既传承和发扬了中国传统的神像雕刻技艺，亦广纳了国内外的造型设计和改良技术，是澳门独树一帜的民间工艺美术。

澳门神像雕刻工艺兴起于20世纪初，当时大多数渔民不认识字，他们在船上以小木偶代替书写祖先宗氏姓名称号的牌位来拜祭祖先。因在海上作业面临着无法预知的风险，渔民便在船头、驾驶舱等重要位置安放可保平安的神牌和神像。渔船在海浪中颠簸和日晒雨淋，回港时经常要更换新的神牌、神像，再加上陆上居民及庙宇的需求，促使澳门的神像雕刻行业迅速发展，当时俗称“公仔铺”的神像店盛极一时。20世纪二三十年代，单是靠近内港的新埗头街，就有十多家神像雕刻店。渔民对神像的殷切需求也促使澳门的神像雕刻工艺日臻成熟，并发展成为一门对工艺技术要求极高的行业，技师往往需要学习多年才能出师。

经过上百年的发展演变，澳门的神像雕刻在初期的摸索和探求后，经吸收、改良和创新，完成了从简朴到精致、从小型到大型、从单体到组装的演变。澳门的神像雕刻店不但掌握了小型神像的制作工艺，亦能设计、雕刻和组装重数十吨的大型佛像。雕刻的种类也从基本的木雕公仔发展到神像、佛像、神龛佛具、民居商号装潢杂项和公共雕塑、木雕大型佛像等，应用广泛。

澳门的神像雕刻工艺，主要秉承浙江宁波风格的传统佛像造型设计和古法漆艺技术，吸收并糅合了日式接木法和台湾的造像经验，以严谨工艺和上乘的材料制作。澳门的神像雕刻工艺水平极高，海内外不少庙宇和私人佛堂，均向澳门订制木雕神像、神龛佛具和佛塔等，或请澳门佛像雕刻手艺人对破损的神像进行修复。

作为民间信俗的实物载体，神像雕刻作品体现了澳门传统的精神信仰及民俗文化，是澳门极有价值的文化遗产。然而，20世纪30年代末以后，因先后受到战争、经济工业化、渔业萎缩等社会形势及时代变迁的影响，神像雕刻业逐渐衰微。从20世纪60年代至今，不少神像店因经营困难而相继关店，如今澳门仅余“大昌佛像雕刻木器”和“广荣造像雕刻木器”两家神像店。

神像制作过程包括选材、设计、拼接、打磨、上灰、贴麻布、底油、造漆线、贴金箔和上彩等步骤，每个环节都要求完美无误，需要专门的技巧和经验。神像雕刻的原料通常选用樟木、柚木，一方面因为这两种木材都有浓烈的香味，可以有效解决沿海地区气候潮湿导致的虫蛀问题；另一方面，樟木硬度大，材幅宽且花纹美，柚木光泽亮丽、木质稳定，是两种理想的雕刻材料。在设计上，神像雕刻以造型圆满自然、平直有力为特点，雕像通常嘴角含笑，彰显慈悲姿态。

选材和造型设计完成后，就可以开始雕刻了。雕刻分为制胚、打磨造底、贴金箔、上彩四个步骤。制胚需要先确定神像各部分比例，然后用凿刀劈削出轮廓造型，再通过精雕使轮廓和线条分明；打磨造底则是将木胎进行打磨、上底灰、贴麻布、反复上漆和打磨，直至漆底完全光滑。贴金箔是澳门神像雕刻技艺中的特色工艺之一，也是一项有着数百年历史的工艺。贴金箔前要先为神像刷一层为贴金而配置的按金漆（黏着漆）；然后根据干燥情况，以一定阔度的油画笔轻压金箔面，使之与按金漆黏合；在略为干燥之后，再用软毛刷作整体加固，几分钟后再作表面清理。经过5—14天后，等底漆干透、金箔稳定，才能完成贴金箔的工作。神像雕刻对工匠的技艺要求极高，例如制作大型纯手工木雕神像时，有时需要分成几百块运到异地组装，还要保证接缝没有丝毫瑕疵，因此，工匠须有坚强的意志和精细的雕刻技巧，才能完成如此庞大的工作。

神像雕刻流程之上漆

曾德衡是澳门神像雕刻技艺的代表性传承人，这门技艺在他的家族已传承三代，他经营的大昌佛像雕刻木器已有上百年的历史，也是澳门仅剩的两家神像店之一。曾德衡自幼在长辈指导下学习木雕、上彩及金漆工艺。神像制作对雕刻、金漆工艺和造底技艺的要求很高，为了追求完美、提升技术水准，自1970年开始，曾德衡前往内地及东南亚国家进行实地考察和学习。例如，他前往浙江宁波学习古法漆艺，熟练地掌握了泥塑木刻、上漆贴金的技艺。

为了保护这项民间工艺，曾德衡致力于研究记录、保存文献、开发市场，同时还为工艺设立标准化程序和系统化管理模式。神像雕刻十分讲究规格、标准，对神像面貌的上庭、中庭、下庭的比例，躯干与手的长度等制作比例要求极严。社会上能够拿刀雕刻的人并不少，但知道雕刻标准的人却很少。为了让神像雕刻行业得以持续发展，曾德衡把木雕神像的制作标准都总结了出来，并将其保存到澳门的档案馆里，以供后人学习。同时，他还积极宣传和推广神像雕刻工艺，包括与公共部门和学术机构合作，举办专题展览、手工艺讲座和工作坊等。他还经常赴外参与工艺展演和研讨会，为该项工艺的传承和弘扬做出了重要的贡献。

通过澳门特区政府和技艺传承人的紧密合作，从资料的收集、记录、整理、保存、出版，到教育和推广的多方位配合，神像雕刻这一百年来优秀的地方民间美术作为澳门的文化代表之一流传下来。2008年，澳门神像雕刻正式被列入第二批国家级非物质文化遗产代表性项目名录，这也是澳门首个独立申报并被列入的项目。

搭棚工艺

如果你在土地诞（农历二月初二）、北帝诞（农历三月初三）、妈祖诞（农历三月二十三）、谭公诞（农历四月初八）来到澳门，会发现这些神诞节的庆祝活动都会搭建戏棚，以享民众。这种临时性的建筑工艺就是搭棚。

搭棚是中国传统建筑技术之一，属于“三行”（泥水、木工、搭棚）之一，与建筑业相生相融。在清工部《工程做法》中已有“搭材作”一节，描述各种用横竖杆搭建起来的建筑施工辅助设施和临时建筑施工方法。

搭棚，相传起源于有巢氏树上筑巢建屋的技术，并且与灯彩和彩扎技术渊源深厚。中国汉代宫中已有正月十五“垒灯为山”的习俗。文献记载，隋唐时期有很多大型的彩灯制作。唐玄宗时，巧匠毛顺设计了一座“灯楼”，广达20间，上面悬挂着珠玉和金银穗，灯上画着龙凤虎豹，栩栩如生。《东京梦华录》中记载，宋代汴京（今河南开封）在春节前几个月，就开始搭山棚为元宵灯彩做准备了。书中还有关于汴京彩扎盛况的描述：“至正月七日，人使朝辞出门，灯山上彩，金碧相射，锦绣交辉。面北悉以彩结，山沓上皆画神仙故事，或坊市卖药卖卦之人，横列三门……内设两长竿，高数十丈，以缯彩结束，纸糊百戏人物，悬于竿上，风动宛若飞仙。”而这些大型灯彩、彩扎都有赖于竹木搭建的棚架支撑。

澳门的搭棚工艺历史悠久，20世纪90年代，澳门的大型建筑竞相拔地而起，那时堪称是搭棚工艺最鼎盛的时期。因为竹棚具有因地制宜、快速搭建和拆卸的特性，适合澳门横街窄巷的城市环境，所以棚架至今仍是澳门传统建筑工程中不可或缺的部分。

澳门棚架使用的材料主要是竹、杉木、竹篾条、葵叶片、笪（现已采用尼龙篾、帆布及尼龙网），竹棚中的每个结构都有行业专用的术语，例如，称呼垂直到底的竖杆为“柱”、离地的竖杆为“针”、横杆为“轩”、最底的横杆为“打底”、斜杆为“畅”等。竹枝之间靠“篾”固定连接，横竖杆所筑成的棚架方格是搭棚的基本元素。

传统搭棚时不需设计图则，搭棚师傅“以心为图，以眼为尺”。也就是说，搭棚师傅主要靠直觉和经验，通过目测估量竹竿的距离和大小，然后根据脑海中的图样，完成一件件力学与美学相结合的作品。搭棚因地施工，亦无固定的操作程序，全凭师傅的经验，具有很高的灵活性。时至今日，以轻便铝材为材料的“鹰架”逐渐流行，但棚架轻便、灵活及适宜在玻璃、云石上作业，且有着金属不可替代的刚中带柔的韧性优势，因此至今仍然得到广泛应用。棚架还衍生出不同的竹棚类型，如用于楼宇工作平台的双行棚架、外伸桁架式棚架（称吊棚）、招牌棚架等，还有用于节庆活动的特色棚架，如花牌、牌楼和戏棚等。

许多传统节庆活动都会搭建棚架，其中以为神功戏演出而搭建的戏棚最为突出，既具有实用性，又能充分反映搭棚的精湛工艺；以妈祖诞期间在妈阁庙前地搭建的戏棚和谭公诞期间搭建的戏棚最为盛大。近年来，以观赏为目的而搭建的艺术棚架赢得不少赞誉，成为澳门一道亮丽的景观。

2017年9月，搭棚工艺成功入选澳门《非物质文化遗产清单》，也证明了这项中国独有的建筑工艺的历史价值和存在意义。近年，由棚业工友组成的工会组织积极举办培训班、讲座等活动，宣传和推广这项传统工艺，希望搭棚业的未来会更好。

粤剧

粤剧是流行于广东、广西及香港、澳门的剧种。因演唱使用广州白话，即俗称的粤语，故名粤剧。

岭南地处南海之滨、南岭之南，因通江达海而内外兼容并包。明末清初，弋阳腔、昆腔传入广东。清道光、咸丰（1821—1861）年间，广东本地班在演出中以“梆簧”（西皮、二黄）作为基本曲调，兼收高腔、昆腔及广东民间乐曲和时调，以“戏棚官话”为基本语言，间杂以粤方言，逐渐形成粤剧。当地人俗称其为“大戏”，庆典、酬神、祈福等民间仪式都离不开大戏助兴。

粤剧在声腔、音乐、表演、武打等方面呈现出鲜明的特色。粤剧的基本声腔为梆子、二黄，兼有高腔、昆腔及广东民间说唱、小曲杂调等；乐队由二弦、月琴、三弦、竹提琴、箫这“五架头”组成，后又吸收一些新式乐器；表演带有质朴粗犷的特色，有运眼、小跳、拗腰等绝技；武打以南派武功为基础，少林拳、椅子功、高台功等都十分出

粤剧表演（新华社供图）

色。另外，粤剧还有文武生、小生、正印花旦、二帮花旦、丑生、武生六类行当，化妆简练，色彩浓艳，服装多采用广绣，精美华丽，富有浓郁的地方特色。周恩来总理曾形容："昆曲是江南的兰花，粤剧是南国的红豆。"从此，"南国红豆"便成为粤剧的美称。

粤剧在澳门的历史十分悠久。据史料记载，清咸丰、同治（1851—1874）年间，澳门就有粤剧演出。1870年，澳门人开始兴建首间戏院——清平戏院。1872年，清平戏院落成。1875年，清平戏院正式开张，并邀请广州永丰年戏班演出首场粤剧"香花山大贺寿"。到了1952年，何贤等一众热心人士集资兴建了澳门首间大型戏院——

永乐戏院。永乐戏院位于澳门镜湖马路，是澳门现存历史最悠久的戏院，亦是澳门首家装设杜比立体音响系统的戏院，早期设有800个座位。1957年，永乐戏院建成大舞台，各类文艺团体纷纷来此演出，如碧云天剧团、中国民间艺术团、颂新声粤剧团、雏凤鸣粤剧团，永乐戏院成为澳门粤剧界重要的表演场地。

清末民初，报界革命志士于澳门成立改良粤剧的班社，通过改良粤剧宣传革命思想，受到澳门、广州、香港等地民众的欢迎。抗战时期，其他地方的粤剧戏班、艺人纷纷来澳避难，如马师曾、薛觉先、白玉堂、任剑辉、靓次伯等均曾在澳门演出，有的更参与义演支持救国，此时是澳门粤剧发展的兴盛时期。此后，随着戏班返回故地，澳门众班云集、名伶争艳的光景不再。20世纪80年代以来，随着各类文化娱乐业的兴起，澳门粤剧逐渐式微。

粤剧吸纳了多元的音乐、戏剧元素，将梆子、二黄声腔与粤语音韵进行完美结合，创造性地拓展了中国戏曲的艺术表现形式，成为中国南北戏曲艺术的集大成者。作为岭南地区最具影响力和海外最具代表性的中国戏曲剧种之一，粤剧已深深融进岭南的传统和现代生活中，并成为族群认同和文化交流的重要媒介。

为了推动粤剧的传承和发展，许多粤剧曲艺社团及爱好者经常定期演出、举办展览、培训青年，并进行校园推广和小区展演。澳门曲艺总会拥有超100个曲艺团体。在传统戏院和文娱活动中心，几乎每周都有粤剧演出，足见该表演艺术的活力和影响力。澳门艺术节期间，也会邀请澳门的粤剧精英及青年演员参与粤剧演出，共同推广粤剧艺术。民间团体也会在每年的妈祖诞、谭公诞、哪吒诞等民俗活动中举办神功戏，使粤剧与民俗节庆紧密结合，粤剧已成为澳门文化中不可或缺的一部分。

粤港澳三地之间有着不可分割的地缘、史缘和血缘关系。在地理上，香港与广州唇齿相依，历史上该地区属广州府新安县管辖；从南宋开始，澳门便属广州香山管辖。同时，粤港澳都处于岭南地区，一方水土养一方人，相同的气候、地理条件决定三地相近的生产和生活方式，并形成相似的文化习俗。这些文化习俗主要通过粤港澳大湾区内的非物质文化遗产来呈现，如粤港澳三地联合为凉茶申遗。

粤剧，这一使用粤方言演唱的传统戏剧流行于广东全省和香港、澳门特别行政区，作为岭南文化的瑰宝和联结粤港澳大湾区三地民众文化情感的纽带，粤剧得到了粤港澳三地的共同保护和传承。2003年，粤港澳三地政府开始筹划粤剧申遗工作，并将每年11月最后一个星期日定为“粤剧日”，以拓宽观众视野，弘扬粤剧艺术。2006年，粤剧被列入中国第一批国家级非物质文化遗产代表性项目名录；2009年，由广东、香港、澳门三地联合申报的粤剧被列入联合国教科文组织非物质文化遗产代表作名录（名册），成为全人类的文化瑰宝。

近年来，随着粤港澳大湾区建设步伐的加快，三地粤剧界的互动也迎来了一个崭新时期。三地通过签订有关合作框架协议、开展粤港澳粤剧群星荟活动、实施粤港澳青年戏剧交流计划、合作改编剧目、共同演绎粤剧等，极大促进了粤剧的保护与传承。自2011年开始，三地每两年会举行一次“粤港澳粤剧群星会/新星汇”，轮流邀请其他两地演员同台演出并于三地巡演。2023年，“粤港澳粤剧群星会”首站在澳门文化中心精彩上演。来自香港的粤剧名家龙贯天、李龙、新剑郎、邓美玲、温玉瑜、温曜声，澳门粤剧名家彭炽权、曾慧，以及广东粤剧院粤剧名家曾小敏、蒋文端、彭庆华、文汝清、黄春强等，为澳门观众献上了一场声色俱佳的粤剧盛宴。

粤港澳三地共同推动粤剧文化的保护和推广工作，有利于形成制度衔接、资源整合、人才培养等方面的合力。在资源整合方面，可促进大湾区内文化资源、经济资源的互通，在不影响本地资源的前提下，各个城市可共同推出一些由政府出资、民间主导的粤剧研究、推广与保育基金，可以更好地利用大湾区内不同城市的互补性，进行资源的优化配置。在人才培养方面，可在大湾区内共同建立统一的粤剧培训系统，整合分散于各个城市的粤剧人才。我相信，通过粤港澳三地同声共唱，粤剧一定能绽放更大的魅力，并在人文湾区建设中发挥更大的作用。

南音说唱

提到南音，大多数人都会想到福建南音，而对广东南音知之甚少。不同于福建南音的低而细语、温柔，广东南音情感哀婉、文辞优雅。在电影《胭脂扣》中，男女主角出场时有一段哀婉多情的对唱：“凉风有信，秋月无边。亏我思娇愁绪，好比度日如年……”这首《客途秋恨》就是地道的广东南音，句格、声韵严谨，旋律婉约优美，南

南音说唱（澳门文化局供图）

国地方色彩浓郁。

南音说唱，又称“南音”，起源于清乾隆（1736—1795）年间的广东珠三角地区，其以本地木鱼歌、龙舟歌、咸水歌为基础，借鉴吸收了外省的南词和弹词，经文人及说唱艺人合力加工锻造而成。清道光初期南海人叶瑞伯撰写的《客途秋恨》问世，标志着南音进入了成熟发展时期。清末民初，广东南音被粤剧吸收，成为粤剧的歌谣体唱腔，也是粤剧、粤曲常用曲牌，大大增加了粤剧的抒情性，曾广泛流行于粤港澳三地。

南音说唱对句式结构、音调安排等都比较讲究，格律严整，旋律婉约优美，比木鱼歌、龙舟歌的音乐性要强。传统表现形式为一人自弹秦筝、椰胡、三弦或秦胡等说表唱叙，后来也有二人对唱的表演形式，曲目趋向演唱短段，并加入扬琴、拍板、洞箫等乐器伴奏。南音的唱者与伴奏者讲究即兴配合，行内术语称之为“夹口数”，唱时即兴增减或变调，拍和的人跟随其唱腔的转变而转变，更因场合与观众的反应而有所增减，文辞也会随之而变化，即兴性强。

澳门，由于独特的地理及历史因素，从抗战时期以来聚合了不少消费娱乐的商旅以及戏曲艺人，使地水南音在澳门留下传世印记，成为澳门大众的娱乐方式之一。地水南音，是南音说唱的分支之一，源于盲人以广东话连唱带说故事的演唱方式。演唱方式以苦喉著称，低沉摇颤，如泣如诉。其中“地水”为卜卦用语，是对盲人的雅称。过去南音的演唱者多为失明艺人，又称瞽师或师娘。为养家糊口，他们或替人占卜算命，或沿街卖唱，也有唱得好的会被请去唱堂会。20世纪四五十年代，在酒楼茶座、富人府邸以及街头巷尾，常见瞽师和师娘待召卖唱，加上当时电台广播的普及和传播，南音说唱盛极一时。20世纪60年代以后，因粤曲歌坛发展、欧美歌曲的流行、失明人士谋生途径渐多等原因，南音逐渐式微。目前，地水南音面临消亡的危险，亟待扶持和保护。

南音说唱是珠江三角洲极具代表性的曲艺形式，具有深厚的文化根基和群众基础。在其简单易懂的表演方式中，蕴含了丰富的诗词、语汇、音调、韵律、器乐、板式等综合表现形式，以富教育意义的内容，唤起民众向上和对真善美的追求。其表演形式及作品内容，充分体现出民间艺人的高度智慧、艺术创造力和感染力，并反映近现代珠三角居民的大众生活及娱乐文化。南音说唱不单是地方优秀表演艺术，也是中华民族优秀的曲艺形式。

2011年5月23日，国务院批准文化部确定的第三批国家级非物质文化遗产代表性项目名录，公布澳门南音说唱成为国家级非物质文化遗产项目。如今，澳门的南音说唱多由粤剧伶人或业余唱家传唱。为了传承推广南音艺术，澳门一些曲艺社团和学术机构，通过研究出版、音像保存、现场表演、讲授示范等活动，向公众传达南音艺术的优美所在。澳门的南音说唱曲艺家，也通过积极举办培训课程、师生演唱会等方式培养传承人，并定期在卢家大屋、春草堂等文物建筑，或者传统剧院举办演出活动，持续推广南音说唱曲艺。

道教科仪音乐

道教是中国土生土长的宗教，但道教科仪音乐却鲜为人知。道教科仪音乐是道教法事仪式中运用的音乐，一般称“科仪音乐”，又称“斋醮音乐”或“道场音乐”。

道教科仪音乐始于南北朝时期。北魏明元帝神瑞二年（415）寇谦之所得的云中音诵，即“华夏颂”“步虚声”，是道教音乐较早的书面记载。唐代，帝王十分推崇道教，受此影响，道教音乐也得到了重视，唐高宗曾令乐工制作道调。唐玄宗不但令道士、大臣广制道曲，还在宫廷内道场上亲自教道士“步虚声韵”。在吸收当时的民间音乐、西域音乐的基础上，唐代道教音乐开始逐步发展和提高。宋元以来，道教形成正一和全真两大派系，前者的科仪音乐表现活泼轻盈，富有强烈的地方性和民俗色彩；后者的科仪音乐表现幽深典雅、含蓄深沉。但因全国道观分布地域非常广阔，且曲目多取自当地民间音乐，同一派系内也渐渐发展出地方特色。明代，经过部门科仪的编定，道教音乐不但有了新的发展，而且更加规范，进入“定型”阶段。相关资料显示，明代道教音乐极其丰富，既有承袭唐、宋、元之旧乐，又有吸收南北曲音调的新制道曲，有的还直接采用民间小调和音乐。到了清代，不少道观已经有了地方韵，如山东的“崂山韵”、辽宁的“东北新韵”、四川的“广成韵”、北京白云观的“北京韵”等。

道教科仪音乐集歌、舞、乐为一体，以独唱、散板式吟唱、鼓乐、吹打、合奏等多种形式，与法事仪式、唱颂、舞步等互相配合，渲染宗教气氛。科仪音乐主要有声乐和器乐两大载体：声乐是将道教经文配上曲调进行演唱，这是道教科仪音乐的主体；器乐则主要是曲牌演奏，常用于法事的头尾、场次的转换和演法动作之中，起到烘托法事情节、渲染宗教气氛的作用。

澳门道教文化底蕴深厚，现存庙宇中与道教有关的众多，道教科仪音乐也在此发扬光大。19世纪末至20世纪初，不少广东的正一派火居道士移居澳门，正一派道教音乐就此在澳门“落户”。随后，广东全真派的道教科仪音乐也进入澳门，使澳门道教科仪音乐呈现兼容两派的局面。同时，澳门道教科仪音乐进一步融合本土民乐，并流传发展至今，这在各地道门中颇为罕见。

20世纪40年代至60年代，澳门渔业兴旺，渔民喜庆嫁娶、新船下水、酬神及丧葬，还有陆上庙宇恭贺神诞、举行中元法会及居民红白二事等，均请道士开布道场，道教科仪活动十分频繁，澳门道教科仪音乐随之进入鼎盛时期。当时，共有正一派火居道院28所，火居道士四五十人。然而20世纪60年代后，受城市经济转型、传统宗教仪式不断简化及殡仪业“一条龙”服务的影响，澳门的道场法事及道教科仪音乐不复兴旺。现在，由于长期以来道教科仪音乐皆以家族或师徒形式口口相传，富有传统本土特色的澳门道教科仪音乐面临着失传的危机。

澳门道教科仪音乐集中国古代宫廷音乐、文人音乐及民族民间音乐之大成，是中国民族传统音乐的重要组成部分。道教科仪音乐自清末由广东传入澳门，未受客观因素破坏，经历兴盛时期并得以多代传承；加上部分道人摒除派别之见，使正一之中融入全真，雅俗并存、丰富多彩、自成一格，成为澳门本地极具特色的宗教音乐。据统计，澳门道曲合计有500多首，曲目数量位居全国前列。

为了保留及抢救澳门这一宝贵文化遗产，澳门各界进行了一系列的努力。2002年，澳门道教协会成立，旋即开展开办道教文化科仪研习班、成立澳门道乐团、举行道教音乐欣赏会等举措，并邀请专业音乐老师进行道教音乐记谱工作，编成《澳门道教科仪音乐》一书。2009年，澳门道教科仪音乐被列入澳门《非物质文化遗产名录》。2011年5月，澳门道教科仪音乐入选国家级非物质文化遗产代表性项目名录。

在保护和传承的同时，澳门的道教科仪音乐也在积极寻求创新。如今，澳门道教科仪音乐已走出道场、走向舞台，通过在各地的演出，吸引了更多受众。同时，在原有音乐的基础上加入了扬琴、古筝、琵琶等乐器，使道教科仪音乐的元素更加多样化；甚至还在寻求与芭蕾舞的结合，力图推动这一非物质文化遗产以更新颖的形式创新发展。

土生土语话剧

在语言学的定义里，有一种被称为“克里奥尔语”的混种语言，即在说不同语言的人混居的地方，为了沟通而发展出的一种“洋泾浜”式的表达方式。慢慢地，这种表达方式渐成体系，有了固定语法、惯用词和习语，从而形成了一种全新的、真正意义上的语言。

克里奥尔语有自然形成的，这种在拉美地区和太平洋岛国比较常见。例如今天的阿根廷，就使用意大利语、西班牙语混杂的语言。在澳门的土生葡人族群中，也形成了一种葡语词汇、中文语法和粤语发音混杂的克里奥尔语，被称为澳门“土生土语”，或简称“土语”。当这种特殊的语言被搬到舞台上，便发展出一种澳门独有的表演形式——土生土语话剧。

土生土语虽为小语种，却散发出一种大荟萃的张力，集中反映了澳门东西方文化交流和多元文化并存的城市特质。土生土语形成于16世纪末和17世纪初的澳门土生葡人社群中。至19世纪，土生土语由口述转变为书写语言，人们开始以土生土语撰写剧本。最早被刊登的土生土语剧本显示的演出日期为1925年2月18日，据此估计，其历史已近百年。

土生土语话剧的题材取自澳门，包括民间习俗、中西文化交流、社会要闻和人文生活，拥有社区剧场的特色。其有着西式杂志话剧的特质，加上轻歌剧的表演形式，属诙谐幽默剧种。土生土语富于变化，适用于讽刺、幽默场面的表达。这种既幽默又尖锐的表达形式，容易使人产生共鸣，故土生葡人以此作为话剧的表达语言。这也是土生土语话剧最显著的特色。

2021年，土生土语话剧与土生葡人美食烹饪技艺一起被列入国家级非物质文化遗产代表性项目名录。然而由于懂得土生土语的人不多，加上话剧的制作成本日益高昂，20世纪70年代末，土生土语话剧曾暂停演出。

在巅峰时期，曾有数万人使用土生土语。如今，澳门的土生葡人都以粤语、葡语作为日常交流语言，失去应用场景的土生土语面临着消失的危机。土生土语甚至被联合国教科文组织列为“濒危语言”。

土生土语话剧的价值就体现在其所使用的澳门独特的语言——土生土语。土生土语是昔日澳门土生葡人的身份象征，在语言文化和生活习俗与其他社群趋同的今天，土生土语话剧的传承和延续，对于土生葡人追寻身份认同和文化重构具有重要意义。因此，土生土语话剧代表着土生葡人的集体记忆，也是澳门宝贵的历史文化印记。

飞文基是一名执业律师，同时亦是一位剧作家、导演和澳门土生土语的保育者。他的祖辈在270多年前就在澳门扎下了根。他的父亲是土生葡人，母亲是广东人，自己在澳门土生土长。1993年，他与朋友一起创办了澳门土生土语话剧社——Dóci Papiaçám di Macau，意为“澳门甜蜜的语言”。从那时起，他每年都会从澳门生活中取材创作一部新剧，用土生土语进行表演。这些年，他创作了《见总统》《毕哥去西洋》《圣诞夜之梦》《阿婆要庆祝》《西洋，怪地方》等剧本。这些作品流露出他对澳门这片土地的眷恋之情，也凸显了“澳门之子”土生族群的身份认同。

起初，飞文基创立话剧社的初衷只是因为“好玩”。当时，剧团里没有一位专业的演员、编剧或导演。很快，他们用通俗、接地气的市井语言和幽默搞怪的表演风格吸引了观众，甚至有年轻人在观看后想要学习土生土语。在表演的过程中，他发现这种话剧形式被越来越多的人认可。这让他感受到了作为土生葡人的责任——把这种带有土生葡人集体记忆和澳门历史文化印记的语言保留下来。

近年来，澳门艺术节均有土生土语话剧表演，成为每年的保留节目，其独特的语言和风趣幽默的表现形式深受观众喜爱。此外，为保护土生土语，相关社群通过赴外交流、举办话剧培训活动、推动土生土语的研究出版等，唤起了土生葡人社群以及社会对土生土语的重视，吸引了许多年轻人的参与，有利于土生葡人社群独特的语言及表演艺术持续性传承。

据估算，在全球约6000种语言中，至少有43%濒临灭绝。德国语言学家、教育学家威廉·冯·洪堡说：“每一语言里都包含着一种独特的世界观。”当某种语言消失，人类失去的是一种看世界的角度，失去的是人类世界观的丰富性。而澳门土生土语话剧正以艺术的形式，重新唤起社会对土生葡人文化的重视，提升其在戏剧世界的影响力。它反映了土生葡人社群的语言、思想和生活，避免了世界的多元受到同质化的冲击。土生土语是澳门在长期的中西文化碰撞激荡中形成的文化遗产，是人类历史发展的见证者，我们一定要珍惜并将这一宝贵的文化遗产传承下去。

葡萄牙土风舞

葡萄牙土风舞，是指源自葡萄牙农村地区的舞蹈。17世纪到18世纪，每当欢庆丰收或其他喜庆节日时，葡萄牙农村地区的民众便聚集到一起，又是跳，又是踏，又是旋转，久而久之，演变成节拍强劲、舞步活泼的舞蹈，葡萄牙土风舞应运而生。

表演葡萄牙土风舞，可以一对男女舞者为一组，也可以是数组至数十组；演奏乐器包括小提琴、手风琴、小四弦琴、口琴、大鼓等十多种；乐曲多以反映人民生活或表达情爱的民谣为主，亦有土生土语或国语版的民谣。葡萄牙土风舞强调集体性，表演过程中需舞者、乐手及歌者三方相互配合，互为补充，相辅相成。

随着葡萄牙人在澳门居住生活，结合传统民族舞蹈、民谣歌唱及奏乐的艺术表演——葡萄牙土风舞传入澳门。早期主要流传于葡萄牙人和土生葡人社群之间，到20世纪下半叶开始为本地华人所熟知，并

土风舞表演（澳门文化局供图）

陆续成立土风舞舞蹈团。在这个过程中葡萄牙土风舞不断融入澳门本土文化元素，表演者包括葡萄牙人、土生葡人、华人及其他族群。在葡萄牙，不同地区表演的土风舞，基本只体现当地的传统服饰、歌曲和舞蹈。例如位于葡萄牙北部的米尼奥地区，人们以农业和酿酒业为生，生活富裕，服装上多绣满华丽的装饰花纹，甚至配以金器彰显华贵；位于中部海边的拿撒勒地区，人们以打鱼为生，因此服装设计以方便出海捕鱼为主，女性裙子内有七层衬裙，长至膝盖，这样方便女性在浅海工作，兼具便利和保暖功效。

澳门土风舞融合了葡萄牙从南到北以及亚速尔群岛等各地区的舞

蹈，具有鲜明特色，演出服装和装饰品也根据葡萄牙工艺制作，十分精美。澳门土风舞的歌词和演唱旋律也十分具有中西融合的特色，有的歌曲旋律没有改变，但歌词部分融入了澳门本土的元素；有的歌曲歌词是用土生土语写成；还有的歌曲在葡文歌词的基础上融合中文歌词，演唱同样朗朗上口。

澳门回归后，很多大型的活动都离不开葡萄牙土风舞表演。这表明社会及政府对作为澳门特色文化符号的葡萄牙土风舞的高度认同，如1999年庆回归巡游葡萄牙土风舞500人的表演队伍、2001—2009年上海国际旅游节、2008年北京奥运会开幕式、2009年上海世博会澳门主题周大巡游等。作为澳门特色表演节目，在澳门周、活力澳门推广周以及各类以澳门为主题的会展和大型会议中，葡萄牙土风舞都是必不可少的表演节目。

葡萄牙土风舞是源自葡萄牙乡土艺术进而融入澳门本土文化的歌舞表演，其实践方式及文化内涵是中葡文化交融和不同族群交流的体现。葡萄牙土风舞不仅是肢体语言的表演，还包括了服装服饰、生活习俗等文化层面的元素，其用葡萄牙文伴唱的歌曲更展示了语言文字和礼教思想。2020年，澳门特区政府文化局将葡萄牙土风舞列入澳门《非物质文化遗产清单》。

太极拳

太极拳是传统中国武术，流派众多，是融阴阳、动静、平衡、力量以及凝神静气等要素，集技击、强体、健身和修性为一体的独特运动方式。作为中华民族传统运动的代表，太极拳现已成为一项世界性体育运动，被美国《时代》杂志称为“完美的运动”。2000年，国际武术联合会将每年5月定为“世界太极拳月”。

经过长期发展，太极拳演变出许多流派，其中流传较广或特点较显著的有陈式、杨式、吴式、武式、孙式和赵堡太极拳等。各派太极拳在动作、套路、风格等方面虽自成一体，但也有共同点，例如均要求静心用意、呼吸自然，中正安舒、柔和缓慢，动作弧形、圆活完整、连贯协调、虚实分明，轻灵沉着、刚柔相济。

澳门的太极拳学徒人数众多。20世纪上半叶，太极拳传入澳门，早期的传承形式为师徒制，发展了数个流派。20世纪七八十年代后，澳门各武术群体纷纷开班授课，开办武术学校，成为学习太极拳的主流途径。武术团体组织和体育会也举办年度的武术竞赛和学界武术比赛，成为太极拳的展示和交流平台。

作为澳门较具规模的传统武术项目之一，太极拳是中华武术文化在澳门一脉相承的体现。追求体育健身之余，太极拳还充分融入了哲学的武术伦理思想，具有重要的文化研究价值。

咏春拳

咏春拳是传统中国武术，为福建福清南少林五枚师太所创。

咏春拳是一种攻防实战的搏击拳术，具有简单实用的特点。其集内家拳法和近打于一身，相对其他传统武术，更专注于快速制服对手，将受到损害的概率降至最低。“小念头”“寻桥”和“标指”组成咏春拳初、中、高三个阶段的功法套路。“小念头”，在粤语中的发音近似“少念头”，意为真切地认识自我，排除杂念，一以贯之，懂得守中；“寻桥”，意为找到人生追寻的桥、前进的方向，就可以到达高级境界——“标指”。

咏春拳在澳门主要通过武术团体组织和体育会系统进行传承。近年来，澳门的咏春拳社团积极开班授课，并参与到武术竞赛的项目中。咏春拳是澳门本土传承较广的传统武术项目之一，是中华武术文化在澳门一脉相承的体现，强调强身、养生、防身之余，较侧重于防身和人体力学的理论，其武学理念内涵体现了中国武道文化“天人合一”的追求，是理解中华传统文化思想的武术项目，具有重要的文化研究价值。

蔡李佛拳

蔡李佛拳是传统中国武术，属南拳门派，清道光（1821—1850）年间始创，由广东新会人陈享创立。因融合了蔡家拳、李家拳、佛家拳的特点，被称为“蔡李佛拳”。蔡李佛拳不仅流行于内地广东地区、香港和澳门特别行政区，在东南亚以及海外也十分盛行。

“腰灵膊活飞砣劲，偏身出手快如风，腾挪闪避进退稳，横标直插腰腿功”，这是蔡李佛拳的拳术特点，即讲究腰、腿、膊、手的合力。双腿发力，以腰带动两臂，力气到达拳、指、掌，就像飞砣一样快速有力地打出。其手法着重攻防配合，步法灵活而稳健，发劲刚中带柔，讲究发声与动作的配合，发声以助势，动作舒展大方，拳路气势磅礴，表现了较强的肢体美。

蔡李佛拳拳术体系庞大，套路繁多，共有39套，分为初级、中级、高级三个级别，其中初级拳术套路有走生马、小梅花、大十字、小长拳、小十字、四十式、五轮马、五轮搥、四门桥等拳术套路；中级拳术包括梅花八卦、十字扣打、铁箭拳、罗汉拳、十字截虎拳、小八卦掌、八卦心拳、八卦拳、梅花八卦拳、单脚拳、平拳、醉拳等；高级拳术包括大八卦拳、龙形拳、蛇形拳、白模拳、龙虎拳、虎形拳、雄人八卦拳、龙形八卦掌等。

蔡李佛拳是澳门传承较广的传统武术项目之一，20世纪20年代，澳门地区已经有人开始学习蔡李佛拳的武艺。蔡李佛拳强调强身、养生、防身之余，秉持坚毅、追求真理、匡扶正义等传统武德主张，具有重要的文化研究价值。

随着社会的变迁和人们生活方式的转变，蔡李佛拳的发展现状不容乐观。2008年，蔡李佛拳成功申报为国家级非物质文化遗产，这为蔡李佛拳的发展带来了新的机遇，为面临发展困境的蔡李佛拳注入了新的血液和活力。

Party with A

保护传承

城市文化特色保育之路

早在1976年，联合国教科文组织就在《内罗毕建议》中指出：“当存在建筑技术和建筑形式的日益普遍化可能造成整个世界的环境单一化的危险时，保护历史地区能对维护和发展每个国家的文化和社会价值作出突出贡献，这也有助于从建筑上丰富世界文化遗产。”这一呼吁至今仍值得国际社会重视。在全球化的加速进程中，城市的面貌和生活方式出现“同质化”和“趋同化”，在世界范围内，城市正在面临着“特色危机”。为此，人们呼吁城市文化特色的重塑和文化城市理想的回归。

城市特色是一定时空条件下，城市社会为了自身的生存和发展，以当时所达到的文明手段，所创造的有别于其他城市的，包含物质和精神成果的外在表现形式。城市特色与社会生活和历史风貌息息相关，它蕴涵着人与社会的内在素质，反映了人类文明的历史积淀。只有突出个性和特色，我们的城市才会生机勃勃，丰富多彩。城市的魅力在于特色，而特色的基础又在于文化。亦可以说城市魅力的基础在于文化，而城市魅力的关键则在于文化特色。文化特色既是城市景观中极具活力的视觉要素，又是构成城市形象的精神和灵魂。特别是历史性城市经过几百年、上千年的积淀，逐渐形成独特的城市文化特色，尤为珍贵。

澳门的城市文化特色，与澳门早期发展及不同时期的建设共生，并逐渐变得鲜明而丰满。这些成长信息被大量地保留和记录在了澳门城市之中，它们既是城市的文化积淀，也是城市的文化载体，更是城市的文化起点。作为世界文化遗产城市的澳门，正是依赖于文化传承才形成鲜明的城市特色，而城市特色一旦形成，就是无法再生的资源和财富。任何城市的繁荣与发展，都是以先人创造的城市特色为依据进行再创造的过程。如果城市丢失了文化特色，就是丢失了最为巨大的财富和最为珍贵的资源。因此，澳门的城市特色也是今天澳门建设与发展的科学依据，对城市特色的整理、研究和保护，不仅关系到城市文脉的完整性，也关系到城市独特魅力的延续和传承。

中西交汇、融合共存是澳门文化的最大特色，也是最吸引世界各地游客驻足的元素。穿行在“澳门历史城区”，走过白黑两色小方石铺就的狭窄街道，在大三巴牌坊、主教堂、岗顶剧院等一座座具有数百年历史的老教堂或修道院前凝神伫立，能够感受到扑面而来的南欧风情，而妈祖阁、哪吒庙、关帝庙、郑家大屋和卢家大屋，又不断提醒游客们这是一个有着悠久历史的中华名城。

正如生命体的发展离不开遗传信息的传递，城市的发展也离不开它的历史文化特色。城市的生命与性格、历史与记忆就存在于城市的每一寸肌理、每一方土地、每一座建筑、每一条街道、每一处城市空间。保存城市的记忆，保护历史的延续性，保留文明发展的脉络，是现代城市发展义不容辞的责任和义务。

回归祖国20多年来，澳门经济快速发展，每年涌入澳门的数千万游客可以直接感受澳门文化的魅力。但随着经济的发展，文化遗产保护也开始面临新形势、新问题。例如，博彩业是澳门经济的重要支撑，文化遗产保护的一些问题也与博彩业的发展有关。如今，站在澳门世界文化遗产大三巴牌坊前向东观望，可以看到由一个巨大球形以及莲花造型的金色大楼组成的建筑物群，这就是澳门著名的博彩场所——新葡京酒店。这一区域是澳门大型博彩场所的集中地，如新葡京酒店隔壁不远是永利公司，对面则是老牌博彩企业英皇公司所在地。国际资本大量涌入澳门的博彩业，在造就经济繁荣的同时，也对澳门本土世界文化遗产背景环境的保护构成威胁。

现代城市是现代文明的聚集地，它的本质即是城市文化。任何城市的文化和精神都不是一蹴而就的，更不能等待经济发展、物质丰富以后再重视文化问题。事实上，市民们每时每刻都在创造着城市文化，城市里的一切经过人们创造的事物和成就都是人们文化意识追求的结果，人的文化追求在其艺术的、知识的、科学的和观念的作用下有着无数的突出表现。城市科学技术的进步，经济实力的增长都离不开人文创新的引导，离不开文化的繁荣。同时，城市文化的地域性，构筑了文化的多样性。正是由于文化多样性的存在，才构成了不同城市各具特色的文化生态。人们在浓郁的城市文化氛围中耳濡目染，熏陶其脑，浸润其心，使一代代市民传承着城市的文化基因，也培育着每一位市民对城市文化的眷念。

文化的力量，深深地熔铸在城市的创造力和凝聚力之中。一个不重视文化保护和文化建设的城市，是不可能持久生存和发展的。因此，每一个城市在追求经济建设与生态环境协调发展的实践中，应更加关注人的生存环境，提高生活质量，在追求城市建设与人文环境协调发展的实践中，应更加关注城市的文化品位，提升人文素养。如同中国建筑学家吴良镛先生说的："像中国这样一个历史悠久的国家，除列入保护名册的历史名城与历史地段外，可以借题发挥大做文章的城市、地段几乎所在皆是，就看你如何去发挥创造。有了丰富的历史、地理、文化知识，就好像顿生慧眼，山还是那个山，水还是那个水，但一旦你发掘出李、杜题韵，东坡记游，立即光彩照人"。

我们总说要打造城市的"名片"，其实最响亮和夺目的"名片"，就是不同的城市所具有的不同的历史人文特征。一个有远见的城市决策者，不仅应该把文化遗产的保护作为自觉意识，更应该站在文化发展的高度看待文化遗产保护与城市发展的关系，以文化资源决定城市发展的思路，以文化特色作为城市价值的所在。

文化遗产资源是一个城市最为宝贵、最为独特的文化优势。今天，当我们环顾世界众多综合实力雄厚的城市时，会发现它们中的绝大多数拥有非常深厚的历史文化积淀。作为一种不可复制的稀缺资源，文化遗产不仅使这些城市享誉全球，也为城市文化的繁荣发展提供了永不枯竭的艺术营养。要提升城市文化，就必须对现存城市文化的底蕴、特点进行认真分析和研究，找到切实有效的途径，进行精心保护与弘扬。当前，我们不仅要重视城市文化遗产的保护，还应将城市文化的创新放在突出、重要的位置，深入研究城市现实的文化生产力，对城市文化发展做出总体规划安排。

一座城市能够延续和发展，越来越取决于城市文化的延续。我们要用新的、先进的城市文化理念引导城市今后的发展，不断丰富城市自身特有的文化内涵，找到属于城市自己的文化发展路径，努力创新和发展属于城市自己的文化，才能使城市永远葆有鲜明的特色，永远葆有鲜活的灵魂，永远葆有蓬勃的生机。

具有鲜明文化特色的城市

因为工作需要，我得以多次前往澳门，目睹了澳门文化遗产保护所取得的成就。澳门特区政府第三任行政长官崔世安是一位十分注重友情的城市决策者。我每次到澳门特区参加调研或展览开幕式，他总是在百忙之中抽出时间会见我和同行人员，并就文化遗产保护问题交换意见。2014年9月25日，我有幸再次和他会面、交谈。此次我着重谈了对于保护和弘扬澳门城市文化特色的想法，得到他的关注。我认为澳门拥有三项独有的城市特色，也是世界级的文化资源，即高品质的历史文化资源特色、高聚合的经济发展结构特色、高密度的城市生活空间特色，因此，应该注重扬长避短，使城市文化特色转化为城市可持续发展的优势。

作为世界文化遗产，澳门具有独特、鲜明的文化烙印，历史文化资源的特征贯穿了澳门城市发展的整个历程。保护澳门历史文化资源，不仅是对历史的尊重，更是挖掘澳门城市特色、促进澳门可持续发展的前提。“澳门历史城区”具有突出的历史、科学和艺术价值，在有限的空间资源里，形成一个中西文化交融的高密集建成环境，记载和体现着中华文化永续的深厚传统及包容能力。澳门存在着大量带有中葡文化结合特征的历史空间，这些历史遗存是澳门特有的一种文化形式，是澳门发展过程的集中体现与传承。澳门历史遗存的保护策略采取物质遗产与非物质遗产保护相结合的方法，使具有文化价值的文化景观与具有文化内涵的文化空间相互关联，使当地民众和来访者更好地享受景观、体验空间，以达到彰显世界文化遗产突出普遍价值的目标。

高品质的历史文化资源

高品质的历史文化资源特色主要体现在作为世界文化遗产的“澳门历史城区”。澳门文化是有着深厚传统内涵的中华文化和以葡萄牙文化为特质的西方文化共存的并行文化，是一种以中华文化为主、兼容葡萄牙文化的具有多元化色彩的中西合璧文化。“澳门历史城区”保留着中国风格和葡萄牙风格的古老街道和广场，无论是传统住宅、宗教设施，还是公共建筑，均有东方和西方文化的经典代表，见证着东西方美学、文化、建筑和技术影响力的交融。

“澳门历史城区”的可贵之处还在于，这里不仅留存了许多中西合璧的文物古迹、具有“以中为主，中葡结合”的东西方风格的历史建筑物，而且文化多元融合的传统延续至今，深刻影响着当代多彩的文化建筑。这些多元融合的建筑、炮台和城墙组成的防御体系、台地坡道、街巷空间、绿地花园、特色前地、传统街道和丰富多彩的当代建筑等，共同构成澳门独特的风貌特色。

“澳门历史城区”文化资源包括物质文化资源和非物质文化资源，其中物质文化资源包括具有历史价值的古建筑、纪念物、民居、遗址遗迹，以及反映城市发展阶段的代表性建筑物、构筑物，较完整地体现某一历史时期岁月特色的地段与街区等。非物质文化资源包括澳门当地传统的戏剧、中医、绘画、音乐、手工工艺、民族风情、传统物产等。对于历史文化资源的保护，应保持保护对象的真实性，保持历史文化遗存初始的、本来的、真实的面目；同时保护不仅是针对保护对象本身，还要对其周围的环境进行整体性的保护，综合考虑人为的与自然的、传统的与现代的、有形的与无形的相关要素，对历史遗存的周边环境进行有效的控制与引导。

2005年，《维也纳备忘录》和《保护具有历史意义的城市景观宣言》提出：“历史性城市景观，指由一组建筑物、构筑物或者开放空间在它们所处的自然环境或生态环境中形成的集合体。历史城市景观植根于当代和历史上在这个场所出现的各种社会表现形式和发展过程。”应该认识到，“澳门历史城区”的演变和发展片刻也不曾停歇，既是活态的文化遗产，也是活态的文化景观，还是活态的文化空间，始终保持及延续着大部分原有面貌和功能，其中既有见证历史城区400余年发展演变的特色城市肌理，也有体现中西文化共融以及人工环境与自然环境相结合而形成的街道风貌。同时，本地独特的传统和风俗习惯，亦因“澳门历史城区”的保护而得以保存及延续，生生不息。

作为世界文化遗产，澳门具有独特、鲜明的文化烙印，中西文化兼容共生的特征贯穿着澳门城市发展的整个历程，也造就澳门独具特色的城市空间。公共空间是城市吸引公众的重要场所，是人们感受城市表情、体验城市文化和领略城市魅力的所在。对澳门的公共空间特色的保护和传承，是挖掘澳门城市特色、促进澳门可持续发展的前提。澳门城市被有机地划分为各个独具特色的街区，老街区形态自由呈不规则状，现代街区大致呈方格网形，在街区和街区之间设有居民休闲场所，城市广场和前地则是澳门城市公共空间的重要组成部分。因此，对于澳门市民来说，城市公共空间在日常生活中起着关键作用，并对城市环境的物质形态产生直接影响。

高聚合的经济发展结构

聚合的经济发展结构特色主要体现在博彩业的繁荣发展，形成澳门独特的经济发展结构。1847年，澳葡当局宣布博彩合法化，并对博彩业实行专营制度。从1962年起，澳门旅游娱乐有限公司取得了长达40年的垄断经营权。2001年12月，澳门旅游娱乐有限公司的博彩专营权即将到期。澳门特区政府抓住旧赌约到期的机会，做出了改变澳门经济发展结构的选择，即改革博彩业制度、开放赌权、实行赌权多元化，将博彩业从一家经营变更为多家企业共同经营（即赌权开放），以期破解澳门经济困局。应该说，澳门特区政府找到了适合澳门经济发展的道路。赌权开放后，一些国家和地区的资本迅速进入澳门，澳门博彩业急速繁荣起来。在公共财政收入中，澳门博彩税收的比重曾占80%以上，这一现象在全世界城市经济结构中绝无仅有。

博彩业是澳门经济的重要支撑。国家“十四五”规划明确提出：“支持澳门丰富世界旅游休闲中心内涵，支持粤澳合作共建横琴，扩展中国与葡语国家商贸合作服务平台功能，打造以中华文化为主流、多元文化共存的交流合作基地，支持澳门发展中医药研发制造、特色金融、高新技术和会展商贸等产业，促进经济适度多元发展。”博彩旅游业是世界旅游休闲中心建设的一环，将博彩旅游业做大、做强，有利于促进澳门的整体经济发展，有利于带动相关产业一起发展，助力“经济适度多元发展”。同时，重视商业活力的孕育和维护、培育多层次的消费结构，是澳门长期持续发展的核心内涵。

2008年4月，我到拉斯维加斯参加美国规划协会第100届年会，并应邀在中国规划专题研讨会上发表演讲。我在演讲中说道：“也许世界上需要一座拉斯维加斯，但是我们不能把每座城市都变成拉斯维加斯。”这里，我主要强调的是保持和保护城市特色的问题。2006年，澳门博彩业总收入已超过了美国的拉斯维加斯，成为世界第一。无疑，澳门独特的经济发展结构已经成为城市文化特色之一。既然是城市文化特色的组成部分，就要慎重加以保护和弘扬，既不能笼统地限制澳门博彩业的发展，也不能盲目地任其无序发展，关键是要智慧地寻找适合澳门经济社会发展的路径，不能“新的不成、旧的不保”，造成经济下滑、就业困难。

澳门经济的腾飞离不开旅游博彩业的强劲拉动。对于这一现象，澳门民众有着自己的理念和思考。一方面，澳门人不嗜赌也不畏赌。

他们不把赌博视为洪水猛兽，只是将博彩业视为吸引游客的一种手段，充分肯定这一产业对经济发展产生的支柱作用。另一方面，澳门人也不溺爱和放纵赌博。2012年，澳门颁布法令将进入娱乐场所人员的限制年龄从18岁提高到21岁，而绝大部分本地居民几乎从不光顾博彩场所。澳门特区政府对博彩企业严加管理和监督，只有获批“赌牌”才能合法经营博彩业，而且一再表示要严格控制博彩业的增长速度，2013年后的10年，“坚定遵守十年内赌枱年平均增长3%的幅度，不允许无限量增加”。澳门特区政府还不断调控博彩业发展的规模和速度，着力提高博彩旅游业的竞争力，有效发挥博彩业对其他行业发展的辐射作用。同时，澳门特区政府也着力于推动经济的多元化发展，培育新兴产业，扶持中小企业，优化人力资源。

澳门博彩旅游业之所以成为澳门的经济龙头，是在市场机制下各产业自然调节的结果，已经成为澳门城市文化特色。所以，我们要尊重这一发展进程，不宜采取激烈的方式改变这一发展态势，不应试图直接以行政指令改变产业结构比例，而应通过制定法律、法规，并通过宏观产业政策引导博彩业更好的发展，所有决策变更均应根据澳门城市文化特色加以分析，并广泛征求社会民众的意见。2007年，澳门特区政府提出“将澳门定位为集文化、会展、博彩、零售、体育、消闲度假、特色饮食、大型盛事的世界级的城市”，树立起建设世界级城市的雄心目标。2016年，特区政府颁布《澳门特别行政区五年发展规划（2016—2020）》，争取到21世纪30年代中期，将澳门建设成宜居、宜业、宜游、宜乐的世界级休闲旅游中心。“十四五”规划进一步完善澳门方向，支持澳门丰富世界旅游休闲中心内涵，支持澳门打造文化交流基地，支持多元产业发展。澳门在原有城市特色基础上，不断丰富文化内涵，城市风貌愈加多元，城市形象愈加丰满。

高密度的城市生活空间

高密度的城市生活空间特色主要体现在城市人口密度和建筑容积率上。根据2021年人口普查数据可知，澳门人口数量已达68万，而澳门总面积只有约33平方千米，人口密度超过20000人/平方千米；其中澳门半岛总面积仅有9.3平方千米，人口密度高达57400人/平方千米。澳门半岛局部区域的人口更为集中，例如圣安多尼堂区人口密度超过100000人/平方千米。这是一个难以逆转的现实，因此澳门的城市发展战略、城市规划策略以及文化遗产保护制度安排等，都必须正视和尊重这一客观存在。

在澳门，我有一个突出的感受，即尽管高楼林立、人口密集，但是社会生活秩序十分和谐，有着健康的社区邻里和人际关系。在澳门街道上行走，尽管时时车水马龙，却很少听到汽车喇叭鸣叫，也看不到行人大声喧哗，更不会发生相互辱骂的现象。在澳门街道旁的小餐馆就餐，尽管常常座无虚席，却很少见到有人喝酒，也看不到有人抽烟，更不会发生聚众赌博的现象。对于人口密度超过20000人/平方千米的城市区域来说，简直是不可思议的情况。倘若不是在长期的社会生活中，澳门广大民众建立了共同的情感模式和行为规范，拥有了共同的思维习惯和价值观念，形成了共同的文化性格和文化特征，具备了共同的文化素质和道德修养，难以形成并保持如此和谐的社会氛围。

另外，在考察澳门时我还了解到，即使在世界遗产区域内，也有一些闲置用地和房屋，或者是住户人走楼空，或者是房屋年久失修，或者是拆除一些危险房屋后形成的小块空地。实际上很多房屋主人早已不在澳门生活，或早已居住在高楼建筑社区内，但是由于房屋产权关系复杂，造成这些闲置用地和房屋难以获得新生、得以活用。如果通过政策调整，将这些闲置用地和房屋用作改善社区居住环境之用，例如为当地居民提供更多便民服务设施，为社区民众提供更多邻里交往空间，为老年人提供更多休闲娱乐环境，为青年人提供更多文化艺术场所……这样可以有效缓解高层高密度建筑空间带给人们的心理压力，丰富普通民众的社区生活。

对于“澳门历史城区”的保护和可持续发展而言，内部土地挖潜，继续建设高层住宅和商业设施，显然不符合“澳门历史城区”的实际需求。同时，“外科手术式”的大拆大建的城市改造方式，也不符合“澳门历史城区”的现实情况，而且会激化社会矛盾，引起利益群体的强烈诉求。在这一背景下，小规模、渐进式的改造与完善便成为“澳门历史城区”有机更新的基本路径，即就特定地段的特殊问题进行专题剖析，实现保护与发展的共赢，这是世界文化遗产城市的基本经验。

对于澳门高密度的城市生活空间特色而言，需要不断在合理利用城市空间与改善人居环境之间寻求平衡。如果能够智慧处理这一矛盾，高密度的城市生活环境，一方面可以有效缩短人们的出行距离，降低对机动车辆的依赖，鼓励步行和非机动车利用，从而降低能源消耗，维护空气质量；另一方面可以在有限的城市空间纳入更多的城市活动内容，提高公共服务设施的利用效率，减少城市基础设施建设的投入，充分发挥集约规模的效应。总之，高密度的城市生活环境，并不是以牺牲城市人居环境为代价，一味追求房屋建设的高密度，一味追求经济规模的高密度；而是在充分考虑城市环境容量与资源容量的前提下，对高密度的城市生活环境进行规范与引导，有效利用有限的空间资源，保护城市周边的自然环境，维护重要景观的视线廊道，创造紧凑型城市良好生态环境的典范。

高品质的历史文化资源特色、高聚合的经济发展结构特色、高密度的城市生活空间特色，均是澳门客观存在、我有他无的城市特色，如果能够智慧驾驭矛盾，驱弊兴利，必将迎来气象万千的城市发展前景。任何一座城市的文化特色，都不可能凭空创造得来，而必然经历漫长岁月逐步发展而成，因此，城市的发展离不开传统文化的承袭。没有文化特色的城市，只具有躯壳，却不拥有灵魂。当前，众多曾经拥有文化特色的城市既面临着传统文化的迅速消亡，又面临着城市面貌日益趋同的威胁，如何合理解决这一发展困境，将为澳门的城市发展提供借鉴。我们应该感到幸运，今日的澳门仍然是具有鲜明文化特色的城市；我们也应该感到担忧，未来澳门是否能够永葆特色和生机，将取决于我们每个人的努力。

『澳门历史城区』保护经验

“澳门历史城区”是400多年来中西文化交流互补的精髓、多元共存的结晶。这体现在：作为中国现存最古老的中西式建筑遗产，“澳门历史城区”是东西方建筑艺术的综合体现；“澳门历史城区”见证了西方宗教文化在中国乃至远东地区的发展，也见证了向西方传播中国民间宗教的历史；作为中西文化多元共存的独特反映，“澳门历史城区”是中国历史城市中极具特色的组合；作为中西生活小区有序的组合，“澳门历史城区”从过去到现在，都与居民的生活习俗、文化传统密不可分。

在“澳门历史城区”申报世界文化遗产过程中，实现了不拆迁而成功、不拆迁而优化保护的实践经验。申报世界文化遗产成功后，为承担保护人类共同遗产的责任，澳门特区政府对“澳门历史城区”的保护投入了大量的社会资源，以实际行动兑现了对国际社会做出的保护“澳门历史城区”的真实性、完整性，努力实现世界遗产的5C（可信度、有效保护、能力建设、宣传、社区）战略的承诺。在澳门世界文化遗产保护方面，以下经验值得很多拥有世界文化遗产的城市借鉴。

丰富遗产保护类别

澳门申报世界文化遗产时，根据国际古迹遗址理事会的建议，项目名称从“澳门历史建筑群”调整为“澳门历史城区”，两者之间有着不同的文化内涵。列入“澳门历史建筑群”的多为城市历史广场和以纪念性建筑为主的历史建筑群，而“澳门历史城区”则应包括更多的历史街区和民间文化遗产。400多年的发展历程，给澳门留下清晰的城市空间拓展过程和发展脉络。长期以来，澳门的城市结构、肌理，以及其中的社会、文化生态关系相对稳定，此前形成的城市地区有着鲜明的场所感和延续的历史感。因此，整个“澳门历史城区”的范围不应仅包括被列入世界文化遗产的城市历史中心，还应包括承载澳门重要发展过程和澳门民众记忆的相关场所与区域。

澳门成为世界文化遗产城市的近20年，也是中国文化遗产事业不断发展的时期，一系列新型文化遗产和保护理念不断进入人们的视野。从工业遗产到乡土建筑，从20世纪遗产到当代遗产，从历史街区到历史村镇，从文化线路到文化景观，文化遗产大家庭不断壮大。人们逐渐认识到，世界文化遗产不是在时间和空间上凝固不变的对象，而是一个博大的系统、一个发展的概念、一个开放的体系、一个永恒的话题。对于世界文化遗产保护的认识也必将处于发展变化之中，不断被检验、被证明、被修正、被丰富，在保护实践中产生更符合实际的新内容。

为了真正从“澳门历史建筑群”走向“澳门历史城区”，《文化遗产保护法》正式实施后，澳门特区政府从2014年5月起，开展对不动产类文化遗产的普查工作。通过普查，将一些未被评定，但是具有一定纪念性、艺术性和文化价值的不可移动文物列入保护清单。普查工作进一步挖掘并丰富了“澳门历史城区”的文化价值内涵，梳理了历史文脉，串联起各个历史街区并形成网络，强化了“澳门历史城区”及其缓冲区的整体性，并辐射至缓冲区之外。同时，在普查工作中，工作人员对那些待评定的不动产文化遗产进行公开咨询，并广泛征集市民的意见，最终将符合评定标准的不动产列为法定保护的文化遗产。

在澳门特区政府文化局的邀请之下，在世界文化遗产专家郭旃先生的率领下，我们于2014年9月和2014年12月，两次参加了澳门特区政府文化局组织的文化遗产考察工作，并依据《文化遗产保护法》的评定标准，对类别丰富的澳门不动产文化遗产提出咨询意见。考察的项目包括：宗教建筑、文化设施、教育设施、医疗设施、办公设施、商业建筑、市政设施、军警设施、民防设施、公共设施、工业建筑、会馆建筑、名人故居、城墙遗存、考古遗址，以及历史街区等50余项不动产文化遗产。考察结果表明：增加“澳门历史城区”受保护的不动产数量，扩大文化遗产类别，十分必要，势在必行。

作为教育设施的圣罗撒女子中学具有重要的历史与艺术价值。创立圣罗撒修院的修女是最早来到澳门的修女，亦是第一批踏足中国领土的修女。教会女校的兴办冲击了中国传统的教育制度，澳门女性接受正规教育正是从教会女校开始的。而圣罗撒女子中学是澳门最早的西式教会女校，见证了教会教育及女子教育事业在澳门的发展。圣罗撒女子中学的忠诚楼及教堂是20世纪30年代重修而成的建筑物，有80多年的历史。校门前方的石梯及后门的夯土墙约在17世纪建成，是圣罗撒修院的遗迹，有300多年的历史，具有重要的历史意义。教堂正立面设有高耸的钟楼，门窗及内部拱廊都采用尖拱的形式，属于仿哥特式的建筑表现手法，在澳门的教堂中，较少有此种类型的建筑风格。2011年，圣罗撒女子中学完成增建及重修工程，现今保存状况良好。

作为商业建筑的龙嵩正街45—47号房屋颇具保护意义。这是两座相互依偎的黄色房屋，属于澳门特色的竹筒屋民居，辗转出售多次，最后为来自印度的穆萨家族购得。作为重要的承包商、经纪人、运输商、保险代理和进出口商，穆萨公司曾在澳门颇有名气。今日洋行仍以龙嵩正街45号作为办公室及店面，店内售卖的牛油糕等糕点为澳门民众所喜爱。这里是昔日最繁华的商业中心的心脏地点，不论由南湾来往风顺堂，或由岗顶剧院来往南湾、风顺堂，都必须经过此路口。作为游览“澳门历史城区”的必经之地，这组建筑能同时反映上述三条街道的历史文化景观，因此成为地标式建筑遗产。穆萨家族的兴衰不仅反映了外来民族在澳门生活及经商的历史，更反映了19—20世纪澳门社会多元文化并存的特色。

作为民防设施的沙梨头更馆是澳门现存的唯一一处更馆遗址。由于更练是社区居民自行组建，过往多与公所结合，或者借用寺庙的地方，因此以“更馆”单独命名的建筑十分罕见，能够遗存至今则更是难能可贵。昔日，澳门有更夫96人，在澳门的治安系统中扮演着十分重要的角色。由于更练的服务区域是相邻近的街区，其营运的条件取决于居民的支持，不论是沙梨头更馆的设立，还是沙梨头更馆社学的发展，都显示沙梨头村曾经是一个商贸兴盛、团结互助的社区，是昔日沙梨头村繁华的见证。更馆门面宽约五米，前座建筑为硬山式屋顶平房，石室内有一段挡土山体岩石，充分体现建筑依山而建的结构布局。虽然打更制度已经消失，但是打更在历史文化发展中依然留下印记。沙梨头更馆社学是澳门较古老的两所书塾之一，本地出现的学塾、书屋、社学，与内地明末清初的教育一脉相承，反映了封建教育在澳门的早期发展历史。

作为公共设施的前氹仔市政街市是氹仔旧城区的地标建筑。前氹仔市政街市又被称为“嘉模墟”，约建于20世纪80年代，是澳门历史上较为小型的公共街市，体现了澳葡政府对氹仔的市政管治。这座历史建筑物主要采用西式建筑形制，但屋顶为典型的中式广府建筑瓦作，是澳门乡土建筑的重要佐证。前氹仔市政街市地处氹仔旧城区之内，与社区有着重大关系，与氹仔居民的日常生活息息相关。由于所在文化环境、街区肌理和原有公共空间的属性仍然存续，所以这座历史建筑物具有真实性与完整性，整体布局体现出氹仔旧城区昔日的历史风貌。如今，前氹仔市政街市地处城市街道的交汇处，开放式的建筑设计使这里成为当地民众及游客游憩的地方。

作为公务员宿舍的美副将大马路联排建筑物和独立式住宅颇具代表性。联排建筑物兴建于20世纪50年代初，共分为12个独立单元，组成风格一致的建筑群。由于澳门城市的不断发展，目前此类型建筑已经所剩无几。12个独立单元，每个单元仅供一户人居住，各单元的平面和空间格局相似，为葡萄牙民族主义风格，为了解、研究昔日葡萄牙人公务员的生活模式提供了线索和帮助。独立式住宅共有四幢，于1954年左右落成，单幢建筑主体为两层，局部三层，一直作为邮政局公务员宿舍使用。四幢建筑物共分为八个单元，各单元的平面和空间格局相似，亦属于葡萄牙民族主义风格，每户均有独立的花园及车库。上述两组公务员宿舍是20世纪50年代以来澳门城市记忆以及城市发展史的一部分，也是昔日澳门都市格局和功能分区的见证。

关于澳门的街道，前边我们介绍过“围”“里”，其实，澳门还有很多传统街道应列入保护之列。例如大码头街是澳门商贸史及城市发展史的重要组成部分，也是昔日澳门城市格局和功能分区的见证。从昔日临海税口，至今日果贩摊商的聚集之地，其作为商业贸易街区的功能格局一直未变。昔日，大码头街及与其毗连的果栏街、关前正街、关前后街、草堆街、营地大街等街道商铺稠密，是澳门开埠以来的商业贸易中心地区。沿大码头街的传统建筑群，是以经营为目的设计建造的商业建筑，兴建于20世纪初，自落成至今，其外观和内部建筑格局，以及整个街区的面貌并无重大改变，具有较高的完整性。作为一组风格和谐一致的建筑群，其两层高、面阔小、进深大的商业建筑，在展现该街区的个性方面具有重要意义。

沙梨头海边街位于内港区域，20世纪20年代内港填海工程完成后，该区兴建了大量的骑楼建筑群。骑楼建筑是欧陆建筑与东南亚地域特点相结合的一种建筑形式，港台地区通常称之为“店屋”。这一建筑形式约在鸦片战争后传入澳门，在内港区、新马路、火船头街、营地大街等商业街道上亦有出现。持续的城市开发建设，造成骑楼建筑群不断被拆除或改建，街道面貌和文化景观形成断裂。沙梨头海边街的骑楼建筑群是二层高的低层建筑，以红、绿、黄三色分间，地面层作商业用途，二层为居住空间，类似这样的骑楼建筑群在澳门已经所剩不多。作为该区域内少数完整的建筑群，沙梨头海边街骑楼见证了昔日内港的繁荣，反映出昔日内港的社区面貌及居民的生活景象，是内港居民重要的集体回忆。

在20世纪遗产保护方面，伴随着澳门城市发展的日新月异，除了原有的历史景观外，还形成了大量新的现代城市景观，光怪陆离的博彩建筑也成为澳门城市一道独特的文化景观。特别是作为澳门博彩业发展阶段的代表性物质体现，老葡京建筑群更成为澳门城市特色的标志性建筑。作为一段历史的重要载体，老葡京建筑群已经成为澳门20世纪遗产的组成部分。此外，还有澳门新地标观光塔、澳门的跨海大桥等具有时代特征意义的标志物、构筑物。保护这些极具代表和象征意义的现代建筑，体现出保护连续不断的城市发展脉络、“为未来保护今天”的进步理念。城市是处于持续进化中的有机体，我们应重视城市的发展全过程，不仅保护世界文化遗产“澳门历史城区”，也要保护其他历史时期遗留的文化遗产，还应重视保护历史语境下的20世纪遗产。

通过对澳门不动产文化遗产的调查，使我感受到“澳门历史城区”是综合了文化、自然与视觉等各方面特征的独特景观，其价值不仅来源于列入《世界遗产名录》的重要纪念物等历史要素，还来源于使“澳门历史城区”获得强烈的识别性和象征性的各项要素的和谐组合，包括记录城市发展各个历史时期的特色地区、特色建筑等，还包括历史地标性建筑物与山体、大海等之间形成的空间关系、视觉景观等。另外，位于世界遗产缓冲区边缘或以外的历史建筑认定及其文化内涵挖掘，也应得到充分重视，使其与“澳门历史城区”的文化价值相联系，扩展成为更加丰满的文化网络，与“澳门历史城区”的价值保护及传承起到相辅相成的作用。

“澳门历史城区”给人印象最深刻的是多元文化的荟萃交融。古老的教堂、西洋式炮台、中国沿海第一座欧式灯塔、中西风格结合的民居以及相邻的广场和街道共同构成了“澳门历史城区”。其中，大三巴牌坊是杰出代表，这一历史地段所反映的文化交融现象，不仅是中西文化友好共存的特色所在，而且是异质文化和谐共处的优势体现。经过街道的串联，“澳门历史城区”构成“点、线、面”综合体，主要集中在澳门半岛中南部，也就是400多年前葡萄牙人登陆及后来主要生活的区域，这里是澳门城市文化的核心。同时，核心区外围的缓冲区保存了独具特色的城市结构、空间布局和街道风貌，以及许多具有历史文化价值的建筑物。

澳门需要保护的地区，不仅只限于世界文化遗产划定的历史城区，还要考虑到影响“澳门历史城区”完整性的地区，在整体上进行通盘考虑。通过调研，我认识到：就历史性城市澳门来说，保护和控制范围由大到小可以划分为历史城区、历史地区、历史街区等。其遗产保护应按照不同层次，依法开展历史环境和文化遗产资源调查，识别世界文化遗产范围以外的其他历史地区，建立科学的评估制度，形成澳门文化遗产资源库，对代表某一历史时期、具有某一风貌特征的历史地段划定保护范围；另一方面，应依法保护有价值的历史街区特色要素，保护传统建筑、街道和环境要素所构成的整体空间格局，制定不同的保护策略。

纵观文化遗产保护这一充满艰难和曲折的实践历程，人们可以从中发现鲜明的发展趋势，即随着时代的发展，文化遗产保护的内涵越来越扩展，保护的范围越来越广阔，保护的内容越来越丰富，保护的行动与社会生活的关联度越来越高。今天，我们对于世界文化遗产保护的理念，既不可能脱离特定的时空而形成，也不可能抛开人们对文化遗产价值的判断来认识。

在上述新型文化遗产类型中，澳门均有着丰富的资源遗存。文化遗产保护范围的扩展，可以在澳门区域内筑成文化遗产的网络布局，进而辐射和扩展至网络的四周，形成深入社区、全面覆盖的文化遗产格局。

长期以来，澳门特区政府不断加强对“澳门历史城区”及其缓冲区内具有文化价值的历史建筑的管理：一方面，对“澳门历史城区”及其缓冲区范围内被评定的不动产进行合适的日常管理，采取发展强度控制措施，以保护“澳门历史城区”内重要的历史建筑及空间环境特征；另一方面，对“澳门历史城区”及其缓冲区范围内任何性质的城市规划、建筑与工程项目的计划，以及任何建设活动，包括城市基础设施、商业楼宇及私人住宅的建设、拆卸或涉及外立面的装修等，其制定或实施前均须咨询并取得澳门特区政府文化局的约束性意见，以预防及避免对“澳门历史城区”突出普遍价值产生威胁的情况。对位于缓冲区以外的公共或私人工程，如果其可能对“澳门历史城区”及其缓冲区内被评定的不动产的文化价值造成风险，工程开始前需进行评估，政府部门需发出具约束力的意见，以将负面影响降至最低。

作为世界文化遗产，“澳门历史城区”已经不再是一个个孤立的历史建筑群，而是构成澳门文化身份的象征。对“澳门历史城区”及其缓冲区内的城市建设活动，澳门特区政府从城市规划、街道景观、跨部门协作、建筑设计及工程实施等多方面依法进行日常的、严格的管理；对“澳门历史城区”及相邻环境，澳门特区政府进行严格的监测和管理，以预防新的发展变化对文化遗产造成不利影响；对设施布局、土地资源不足等重大问题，澳门特区政府则通过区域合作、政策引导等方式，对人口增长、产业发展等进行引导，以保证城市经济和社会平衡发展。

推进活化利用

北京798作为艺术创意园区为人们所熟知。它原是国营798厂等电子工业老厂区所在地，曾经一度要被拆毁。一开始，年轻艺术家们希望有一个能挥洒自己创作激情且房租不高的地方，于是他们就来到了798工业园区。开始利用工业遗产建筑之后，他们发现工厂里面的水管、机器设备等反而可以启发灵感、促进创作，由此艺术家发现了工业遗产的美。渐渐地，工业遗产反倒比现代的写字楼更受欢迎了。现在798已经成为很有名的文化艺术创意产业园区。园区内老火车的车厢已经被改建为餐厅和咖啡厅，很多国内外游客甚至外国政要都曾来这里参观。

北京798艺术区就是工业遗产活化利用的案例。活化利用是指转变旧建筑的功能或对其进行改造以适应新的使用需求，并同时保留旧建筑历史特征的过程。现在我们说文化遗产、文物保护，最重要的就是让它“活”起来，把古人的知识、文化、智慧融入现代人们的生活之中。

对文化遗产的活化利用，是文化价值保护与传承的重要工作。与世界文化遗产中的古代遗存不同，“澳门历史城区”不只是历史，更是现实；不仅是参观场所，更是社区的真实生活。通过合适的活化利用，有效增加历史城区内城市开放公共空间，可以使这些被重新利用的历史建筑成为各种面向民众的社区文化活动场所，阐释其多元文化内涵，赋予其当代生活意义。此举可视为对澳门城市固有多元文化内涵的深入发掘。在“澳门历史城区”内活化利用公共空间和传统建筑物，在实施合适的规划措施及整顿后，促进了社区文化设施的多样化，并有效地疏导了“澳门历史城区”内的文化旅游路线。

在2014年的考察中，我们了解到澳门特区政府正在制定建筑修复计划，并陆续开展相关工作。经过多年的保护修复，部分建筑活化已经初见成效。邻近大三巴牌坊的永福围修复工程项目，是澳门特区政府积极保护“澳门历史城区”内的传统民居、与业主沟通协商并进行整体活化利用的成功案例。通过对澳门传统典型围里式居住空间的保护利用，使其重新焕发活力，既展现了历史城区中西文化共融的城市特征及价值，又为居民、游客提供了文化活动和体验“澳门历史城区”文化价值的场所。郑家大屋是“澳门历史城区”内规模最大的中式建筑院落，保存状况一度十分恶劣，建筑本体受到严重的破坏。历经八年的修复工程，郑家大屋重新向公众开放，再次完整地复现于世人面前。现在，郑家大屋的部分空间被辟为郑家大屋原状陈列和修缮过程科普展厅，室内外空间还经常被用作市民交流活动及非物质文化遗产展演的场所。

恋爱电影馆

很多人来到澳门，会对澳门的街道名称留下深刻印象，例如北京街、十月初五日街、冼星海大马路、高士德大马路……如果问起澳门最浪漫的街道是什么？应该很多人会提到恋爱巷。恋爱巷位于大三巴牌坊附近，名字源于其葡文名称“Travessa da Paixão”，其中“Paixão”即英文的“Passion”，是“热情”的意思，表达信徒对天主的虔诚信仰，这一点可从小巷与大三巴牌坊的视觉联系中得到体现。后因翻译错误，造就了“恋爱巷”这一浪漫的名字。

恋爱巷中有一座恋爱电影馆，楼高三层，是一个集合电影欣赏、本土影像保存、电影书籍阅读以及展览等功能的空间。电影馆建筑原为何族崇义堂，后归澳门特区政府所有。2017年，对外墙、内部楼梯、排水管等进行修缮后，电影馆正在对外开放。电影馆一层设有售票大堂、放映厅，二楼为收藏电影资料、期刊等的电影资料室。这里每月举办不同专题的电影或导演作品展，也会作为首轮公映场所，放映两三部来自世界各地的电影。在这里，参观者不仅可以游览、观看放映，还可以通过电影放映设备及技术，全面了解澳门电影的发展历史和电影运作过程。电影馆里还经常举办电影讲座，并接受澳门电影业界、电影工作者及电影团体的借用申请。

恋爱巷的建筑物依山坡而建，混合了新古典主义和现代主义两种不同的建筑风格，街道全长约50米，楼房立面明黄色、浅粉色和墨绿色的搭配充满浪漫气息。因为“恋爱巷”的名称，这里吸引了众多情侣和游客来打卡，曾有电影以及电视剧在此取景，亦是婚纱拍摄的热门地点。同时，看电影是昔日澳门民众普遍喜爱的娱乐活动，承载着澳门人的重要记忆。在这样的街道中，将失去原有作用的建筑进行修缮，为民众打造电影空间，街道和建筑都重新焕发活力。

沙梨头图书馆

2014年，我在澳门考察时，澳门文化局正在对沙梨头海边街69—81号的七栋建筑进行修复，计划将其改建为公共图书馆。这七座建筑建于20世纪30年代，距今已有80多年的历史。

这七座建筑为紧挨在一起的七座小骑楼，建筑风格富有澳门昔日内港沿海的建筑物特色。过去，一层为贩鱼、五金、船坞零件制作等行业商铺，二楼为民居。整体建筑色彩活泼明亮，代表了内港鼎盛时期的建筑风格，也承载着当地居民的历史记忆，类似的建筑物在澳门已为数不多。随着城市的发展，其建筑功能逐渐被高楼大厦所取代，建筑逐渐空置、没落，甚至荒废，呈现荒草丛生、垃圾成堆、结构破损等状况，严重影响了城市景观和居民情感。

2016年12月9日，由这七栋老建筑活化而成的沙梨头图书馆开幕。沙梨头图书馆占地约1130平方米，楼高三层，提供约160个读者座位。馆藏2万多册藏书、5000余件影音资料、80余种报章和600余种杂志等，以满足沙梨头区及邻近小区读者的阅读需求。除提供报刊阅览服务外，还提供儿童阅览和一般图书阅览等基本服务。同时，图书馆内以电影及音乐为主题，设有影音资料区，可定期举办放映会及音乐会等活动。

图书馆区域内建筑密度大，人口稠密，且多为老年人口；同时，区域内公共空间功能单一，除了白鸽巢公园外，多为餐饮、超市等，文化设施匮乏。将旧建筑活化为图书馆，除了旨在让澳门市民有更多的阅读空间外，更希望在澳门社会急速发展的同时，亦能保留及维护城市发展中具有特别价值及意义的建筑物，使下一代能认识、了解澳门珍贵的历史建筑。通过活化计划，除了更好地优化内港区环境之外，也使其成为传播文化、促进居民交流的良好场所。

这片骑楼建筑处于现代化建筑群中，形成了沙梨头海边街的独特风情，也是整条街中骑楼建筑的最后见证。因此在活化过程中，最大限度地保留了建筑的原有风貌：建筑材料方面，采用直接保留、活化利用的方法，并在尊重旧址功能的前提下选择材料，原本建筑的木百叶窗、铁窗花、木门和地面的化石水泥阶砖等均得到保留；对原有的支撑柱进行加固，并使其恢复了原来的色彩；使用金属板等澳门渔港建筑常用的材料，展示建筑原本装饰，打造记忆载体。

图书馆外侧立面基本保留骑楼旧貌，但内部通过整合设计，呈现为光明、大气的现代化图书馆。针对周围片区老年人较多的情况，图书馆内增加缓坡、直梯等无障碍设施；在延续原本建筑两层高的基础上，将一层的报刊区域与二层打通，为读者提供更加宽敞的阅读空间；为解决周围高楼造成的光线遮挡问题，图书馆中庭及一楼多采用通透的落地窗、天窗；建筑后部屋顶为坡屋顶设计，搭配带状窗，增加了馆内的自然光照；异形窗内港之眼，类似古典园林借景设计，站在窗边，人们可以沿窄巷看到内港景色，丰富图书馆景观。

老旧建筑承载着历史记忆，是澳门发展的见证。通过活化利用，让老旧建筑恢复尊严的同时，可以为市民提供公共空间、满足生活需求，是一举多得的事情。沙梨头图书馆的活化利用，实现了保存历史风貌和创造现代气质的完美结合，图书馆的前世今生融在空间结构、建筑材料、内部装饰中，在传承历史文化的同时向更美好的未来发展。

益隆炮竹厂

作为工业建筑的益隆炮竹厂是澳门炮竹业仅余的实物遗存。1925

年，位于澳门半岛北部的炮竹厂发生大爆炸，伤亡惨重。为避免同类事件再度发生，所有炮竹厂都迁往人口稀少的氹仔岛集中经营。在炮竹厂迁建氹仔以前，氹仔当地居民主要依靠捕渔业维生，炮竹厂的建立，改变了氹仔居民的经济作业模式，大部分居民开始从事与炮竹业相关的工作，因此炮竹厂是氹仔居民重要的集体回忆。

益隆炮竹厂是澳门近代规模较大的炮竹厂，经营时间近60年，是氹仔营运年期最长的炮竹厂。炮竹业在20世纪澳门的经济发展中扮演着重要角色，益隆炮竹厂是已经消失的炮竹业文化及传统的见证，是华南地区最具规模、保存最为完整的工业遗产之一，为澳门近代工业史留下非常珍贵的实例。

在产业衰落后，益隆炮竹厂留下30余座多种形式的建筑物，工厂布局得以完整保留，作坊和建筑布局非常清晰。炮竹厂防火防爆是必须的，作坊四周保留有近一米厚、三四米高的梯形土墙，区别于用砖修建的墙体，该墙体用黄泥、砂石混合糯米修建而成；厂内配有池塘和小河，昔日炮竹厂用池塘降温，防止高温爆炸，制好的炮竹则通过河道运往珠江三角洲和香港地区。除了工业设施，厂内还种植有乔木、榕树等高大植物，这些植物本身不易燃烧，还可以为厂房遮挡阳光，避免直射。这些都保留了下来，呈现出工业遗址的特色景观，见证了澳门历史。

然而，随着荒废多年，多栋建筑物出现屋顶塌陷及倾斜状况，建筑物的稳定性也遭到破坏，加上年久失修和缺乏专人治理，建筑物风化严重、杂草丛生，卫生环境恶劣。这样的建筑是缺少尊严的，应该得到保护、修缮。

2020年12月，澳门文化局正式接收炮竹厂。在此之前，澳门特区政府分阶段开展了炮竹厂地段腾空和收回工作，共收回约2.5万平方米的土地。这些土地之前被大量非法占有，其上建有砖屋、石墙、木棚等，还有大量杂物和非法耕种现象。澳门文化局接收炮竹厂后，开展对炮竹厂建筑和环境的检查工作，清理垃圾、杂草和污水，并陆续进行建筑加固和后期加固物移除等工作。在完成环境清理和场地平整后，澳门文化局结合历史角色、厂房布局、现存建筑等对炮竹厂进行活化利用。在这一过程中，澳门文化局持续向社会公众介绍修复和活化进度，并接受澳门公众的监督。

2022年，第一阶段活化工程已完成并对公众开放，建成长约400米的“益隆炮竹厂旧址游径”。行走其中，历史建筑与树木和谐共生，充满自然之美。参观者通过这条步行径可游览炮竹厂的浆引区、水道、池塘、凿炮房及货仓等，还可以用导览系统观赏昔日炮竹厂的生产影片，了解历史场景。新建设的园区还设有“烟硝回响——澳门炮竹业历史展”，通过实物、历史照片和多媒体形式，为参观者讲述澳门炮竹业的发展历史。炮竹厂元素的创意产品更让历史重新走进人们生活。未来，益隆炮竹厂将进一步注入美食、表演、手工艺展销等功能元素，提供丰富的游赏体验，并打通益隆炮竹厂与“澳门八景”之一“龙环葡韵”的步行径空间，形成氹仔协同效应，进一步丰富氹仔文旅内容，使曾经的离岛成为澳门文化新地标，实现澳门整体发展与区域特色并行。

荔枝碗船厂

炮竹、神香、火柴、造船业是澳门四大传统手工业。其中，澳门造船业在明代已有记载，主要因澳门的渔业发展而兴起。造船技术是在澳门开埠初期引进的，当时中国泉州港为造船中心，福建商人来澳贸易的同时，也带来了造船技术及经验。在造船业兴旺时期，澳门曾经有1000多个造船师傅，多达四五十家船厂坐落于澳门半岛的西北岸，以制造渔船、虾艇及鱼拖等木船为主。

路环岛船人街，由这一街道名称就可以看出这里的城市历史。船人街的居民最初都是因为船厂兴盛而在船厂周边定居，后来形成了以船厂为中心的村落，周边的路面自然受到船厂和船人生活的影响。此外，十月初五街（旧称泗孟街）在开辟前是渔船和商船聚集的海湾，计单奴前地附近还有两处以船铺来命名的街道——船铺街和船铺巷。所有的这些，都在共同讲述着澳门造船业曾经的繁荣。

荔枝碗是路环岛西岸的小村落，地理位置优越，隔海遥看珠海横琴半岛、澳门大学新校区。在这里，我们可以看到五彩斑斓的铁皮小屋，小屋为一层或二层，错落有致，还有欧风十足的烟囱和邮箱。不宽的水域和狭窄的马路之间，锈迹斑斑的船坞一座连着一座，“上有天棚、下入水中”是船坞的标配，显眼处还残留着“某某号船厂”的红色大字。

澳门造船厂的集中地以澳门半岛为主，路环岛荔枝碗船厂区是于20世纪60年代开始发展的，早期只负责船只的简单维修及制造小型拋网艇，主要的客源是路环岛上的渔民。在祖国实施改革开放前，澳门及香港的捕鱼业相比内地更为发达，带动渔民修造船只，荔枝碗船厂也在此时进入造船的全盛时期。全盛时，荔枝碗一共有13家船厂，靠着濠江依次排开，号称“十三太保”，几百名工人一年能造上百艘船。20世纪90年代，澳门的造船厂由政府规划为高端服务业区域，地价迅速起飞，澳门半岛和氹仔岛的船厂搬迁到路环岛荔枝碗村的西北部，澳门的造船厂只剩此处继续营运。21世纪初，马来西亚及印度尼西亚等造船木材提供国开始保育原始森林，木材价格大幅上涨，再加上澳门渔业衰落及内地造船业竞争激烈，荔枝碗船厂区逐渐式微。2006年，最后一艘渔船下水，标志着澳门传统造船业的终结。

2022年，在录制《万里走单骑——遗产里的中国》节目时，我们来到荔枝碗造船厂工业遗址。这里以铁皮、木构为主的建筑大部分空置且年久失修，船厂结构和造船工具基本保存完好，与造船产业链相关的造船厂、拆船厂以及造船工人生活的船人街依然保存完整。荔枝碗造船厂工业遗址体现了20世纪中后期的造船工艺、因造船业而形成的荔枝碗村的生活脉络和村落形态，以及整个片区的景观脉络，特别是其亲水和亲山关系。路环岛为澳门仅有的绿地空间，全澳门约70%的绿化面积位于路环岛，一向被誉为“澳门的市肺”。近年来，澳门城市化发展迅速，而路环岛依然保留着原有的山海自然风光，这是值得珍视的财富。

2021年，澳门特区政府文化局启动“荔枝碗船厂分阶段活化修复计划”，在保持荔枝碗船厂工业遗址和渔村风貌的基础上，打造聚合展览、文创、市集、餐饮等元素的渔村文化休闲活动空间，并融入时尚设计，建设澳门离岛特色文化新地标。2023年6月，荔枝碗船厂第一阶段修复成果对公众开放，每天接待近万名游客，成功实现了渔村文化和传统造船业结合的文化旅游项目开发。

如今的荔枝碗船厂工业遗址区，几个船厂沿海岸线联排展开，部分空间伸至相邻水面，人工建筑与自然风貌融为一体，渔村生活、船厂历史、海岸风貌有机结合。厂房内依然保留着锯木机、船只手工模型等老物件，为游客呈现船厂的昔日风貌和历史演变。2023年9月，澳门特区政府公布船厂片区下阶段的活化计划，并公开征求公众意见。未来，船厂片区将继续增加特色元素，为艺术团体提供展览、演出空间，不断吸引艺术爱好者入驻，打造文化艺术聚集地；设置船厂和相关产业历史展览馆，为讲述历史和交流活动提供场地；打造亲子活动空间，配置多元的玩乐设施……这里将会成为一个老船工追忆生活、青年人网红打卡、周围居民休闲娱乐的地方，在独特的澳门渔村，感受文化风情、讲述澳门故事。

澳门的造船业是一个产业，也铸就了一个时代。如今繁华褪去，这片土地略显衰败，但总有一些人在社会快速发展的浪潮中选择坚守。停止造船虽说是造船业的终点，但也可以成为我们“讲述造船史”的起点。澳门不缺高楼与繁华，因此可以讲述历史的乡村风貌变得更加宝贵。活化旧船厂的工业遗存，传承造船技艺，让荔枝碗成为独特的文化遗存，澳门也会因多元魅力而熠熠生辉。

对于文化遗产来说，合理利用是最好的保护。近年来，澳门特区政府联合社会各界积极进行历史街区和工业遗存的保护、再开发利用工作，打造一系列历史与现代生活相结合的新地标，澳门以更加时尚、生动、丰富的形象吸引着各方游客。已有400多年历史的巴洛克建筑玫瑰堂，如今是澳门举行音乐会场次最多的教堂；澳门的地标性建筑大三巴牌坊，则是室外音乐会、拉丁大巡游的重要舞台。通过裸眼3D和AR技术，“时空穿梭 · 游历三巴”数字展览向游客展现了全盛时期的圣保禄学院天主之母教堂；“福隆新街步行区活化计划”则串联了新马路、议事亭前地等核心旅游区，拥有几百年历史的老街与文艺表演、休闲餐饮等现代元素相结合，盘活了社区经济，丰富了澳门的旅游资源。

此外，澳门特区政府还推出“历史建筑”“文创空间”活化计划，通过提供资金支持、专业力量等措施，鼓励业界重新开发利用相关空间，进行文化创意、文化艺术等活动。在整合历史建筑和文化空间的同时，着力打造澳门文旅新地标。未来的澳门，必将成为历史与现代融合、更具活力的文化空间。

实施科学修缮

在2014年考察中，通过参与澳门不动产类文化遗产的普查工作，我还发现一些不动产类文化遗产亟须抢救保护。渡船街1号房屋位于新桥区，原为水路，可通船。19世纪末至20世纪初，澳葡政府大力发展沙岗、新桥一带，包括填平莲溪、开辟道路、填平农田建屋等。从20世纪中旬开始，新桥区发展成为华人小区中最繁华的商业中心，时至今日，这里仍为华人重要的居住、商业中心。在建筑形式上，渡船街1号房屋糅合了新古典主义装饰艺术风格，这一类型建筑得以保留至今的实例已经不多。同时，渡船街1号房屋位处新桥华人小区的中心，见证了该区域的发展与转变。但是，渡船街1号房屋于2013年底遭到拆除，后因社会公众关注及反对而中止。就当时现场所见，渡船街1号主体建筑三层后部及以上部分已经完全拆除，仅保留下部两层半建筑结构，而拆除前破损情况和因拆除造成的破坏，尚需进一步确认。

随着澳门经济社会的发展，也带来了民间信俗文化的繁荣，当时一些庙宇纷纷进行改建或扩建。就当时现场所见，作为临济宗佛教道场的无量寿功德林，内部几个殿堂均正在进行大规模改建工程，传统建筑已经改建成为混凝土结构，给原有建筑形式带来难以逆转的改变。同样，由于过度改建，竹林寺殿堂的建筑艺术价值也受到严重损害。因此，我们应及早将“澳门历史城区”内早期兴建的庙宇建筑纳入世界文化遗产的组成部分加以统筹保护，协调城市建设与宗教庙宇整体保护之间的关系，引导庙宇管理者认识并重视宗教建筑的文化延续性。同时，我们也应该努力维持庙宇周边原有的街道面貌和社区格局，例如无量寿功德林内部虽然已经被改造得面目全非，但是沿三巴仔街的一段外围墙依势而建、高墙深锁、景观独特，对维护历史街区具有重要价值，应加以保留。

面对历史建筑损毁问题，澳门各界不断完善认知，加大投入力度，有计划地对文化遗产项目实施分批修缮，包括遵守《实施保护世界文化与自然遗产公约的操作指南》的真实性和完整性要求，实施对建筑外立面、内部及细部的修复，并积极与国际保护组织合作，争取保护技术方面的支持和帮助。同时，对历史建筑实施常规维护，已经成为澳门文化遗产主管部门的日常重要工作。由于历史建筑的保养及修缮，从经济及技术两方面均有别于一般现代建筑，考虑到其可能对业权人构成的负担，以及有效延续历史建筑的真实性，澳门特区政府建立专项“建筑遗产修缮补贴”，鼓励社会资源对世界文化遗产、已评定保护区等范围内的历史建筑进行修缮，并为其提供资金和专业技术方面的支持。

总体来讲，“澳门历史城区”及其缓冲区内具有文化价值的历史建筑处于良好的保护及管理状况，这得益于政府积极推动公共机构、私人企业和当地居民共同合作及参与，设立具有广泛代表性的“旧区重整咨询委员会”。城市建设活动的管理一直是保护城市型世界文化遗产的必要和重要手段，例如位于大三巴核心区域内的何族崇义堂，曾是何氏家族在澳门的宗祠，多年来被用作小学校舍，目前得到全面修缮后恢复原貌，成为澳门本土建筑完整修复的最佳案例之一。

统筹物质与非物质遗产

近年来，人们对文化遗产重要性的认识日益深化，同时也逐渐认识到物质文化遗产与非物质文化遗产之间不可分割的关系。“非物质文化遗产”称谓中的“非物质”容易让人理解为与物质无关或排斥物质。事实上，物质文化遗产与非物质文化遗产关系密切，既不能孤立存在，也不能截然分开，其中非物质文化遗产依托物质文化遗产，而物质文化遗产中也包含了非物质文化遗产。只有当物质文化遗产中所蕴含的非物质的文化要素被理解和尊重的时候，文化遗产的真实性和完整性才能得以保存；同样，非物质文化遗产也必须通过物质的手段，才能得以展现并持续地传承下去。

澳门丰富的物质遗存由本地区自古至今独特的文化个性塑造而成，例如妈阁庙、哪吒庙等物质遗存中，就蕴含着大量独具特色的非物质文化遗产。“澳门历史城区”是城镇类的人居型世界文化遗产，具有本地特色的传统风俗、宗教信仰、手工技艺，甚至烹饪技术等，与灿烂的物质文化遗产的内在价值相互联系并互为补充，彰显了“澳门历史城区”的突出普遍价值。

因此，澳门推行物质文化遗产与非物质文化遗产相结合的保护政策，可以使历史建筑和场所与其文化内涵相互印证，使人们不但可以感受物质文化遗产带来的空间体验，而且可以领略非物质文化遗产所添注的真实故事与场所精神，两相结合则可以实现彰显世界文化遗产突出普遍价值的目标。例如哪吒展馆项目，在毗邻大三巴牌坊的哪吒庙进行展览馆建设，不仅强化了哪吒信俗非物质文化遗产的保护意义，而且有助于提高居民与观众的文化体验与价值认识。

在成功保护世界文化遗产物质空间的同时，澳门特区政府致力于整理、保护、弘扬和建立澳门《非物质文化遗产名录》，并以多方面的宣传及教育活动，提供或搭建更多的展示平台，支持与鼓励团体举办不同的非遗活动，从而实现非遗文化内涵的展示、推广和传播，使其在保持价值特征的前提下恢复生命力，真正地“活”起来。

增强民众参与

世界文化遗产的保护必须以全社会文明水平的提升为基础和保障。通过与社会团体的合作，借助各方面的力量，澳门特区政府文化遗产主管部门广泛持续地开展相关的宣传教育活动，如向居民及游客提供各种形式的实地探索及导赏活动，以加强居民及游客对历史遗产的保护认识；强化文化遗产的校园教育与推广，请专家学者进入校园与学生进行交流及互动，以提高学生对文化遗产的认知。

向公众、特别是向青少年宣传历史遗产的历史价值和文化意义，有助于唤起人们对文化遗产的尊重和热爱，提升人们对“澳门历史城区”文化价值的认识与体验。同时，澳门特区政府积极传播民众有权利成为文化遗产保护的知情者和受益人的理念，在各项文化遗产保护工程中，注重取得广大民众、特别是当地居民的理解和参与，力求在重要问题上达成共识。

澳门文化遗产没有被高墙大院所阻隔，而是与人群和街道融为一体，而且大多为免费对公众开放。“澳门历史城区”的保护主要从城区内文化遗产的物质保存到其意义内涵的深化，通过对文化遗产内涵的挖掘与发扬，进一步凸显“澳门历史城区”的整体文化价值。同时，采用灵活多样的形式，让更多的民众感受和分享保护世界文化遗产给澳门社会经济发展带来的变化，形成全体市民和社会公众都关心、支持世界文化遗产保护的风气，吸引利益相关者共同参与到“澳门历史城区”的保护之中，以实现城市的可持续发展。

文化遗产保护的核心理念，不仅在于使文化遗产拥有自己的尊严，更应使文化遗产事业融入经济社会发展之中，使文化遗产保护成果惠及广大民众。关注民生一向是澳门特区政府施政的核心理念。在社会分配和福利方面，为了缓解民生压力，促进社会和谐，改善居民生活水平，澳门特区政府采取了现金分享、税务减免、规范市场、完善社会保障制度等措施，许多具有澳门特色的政策和举措令外地人欣羡不已。

教育投入方面，由回归初期的13.2亿澳门元增加到2021年的119.3亿澳门元，尤其是自2007—2008学年开始，实施15年免费教育，即九年义务教育、三年高中教育和三年学前免费教育。医疗卫生方面，澳门免费医疗网络覆盖面达到世界先进水平。从2008年开始，澳门特区政府实施“现金分享计划”，即从财政结余中专门拨出一部分资金，每年以现金形式向澳门市民派发。2018年11月，“现金分享计划”规定，每名永久性居民可获发放金额从9000澳门元加码至1万澳门元，非永久居民可获得6000澳门元，该政策至今延续。另外，在出生津贴、残疾津贴、多项学生津贴方面，澳门特区政府的财政支出亦有增加。

实际上，数据统计只是表面现象，澳门民生问题逐渐臻于完善的实质性表现，更在于贴心的社会服务。随着经济的快速增长，澳门居民的社会福利、生活水平也有较大提升，失业率显著降低。通过改善民生，加快城市建设、文化教育、医疗卫生、社会救助等公共事业发展，实施中小企业援助、科技发展等经济扶助政策，澳门特区政府夯实了社会稳定的基础，解决社会经济问题以及保护文化遗产的能力也随之增强，澳门城市文化特色得到了良性、可持续发展。

完善立法保护

为使澳门世界文化遗产保护真正纳入法制化管理轨道，履行成功申报世界文化遗产时的庄严承诺，进一步加强对世界文化遗产“澳门历史城区”的保护和管理，澳门特区政府陆续制定和出台了一系列具有针对性的保护管理专项法规，特别是2006年公布的为保护世界文化遗产“澳门历史城区”而扩大缓冲区范围的第202/2006号行政长官批示，以及2008年公布的为限制“澳门历史城区”东望洋山周边建筑高度的第83/2008号行政长官批示等；同时积极开展澳门特区《文化遗产保护法》和《城市规划法》等涉及世界文化遗产保护的法规调研和编制工作，并取得了实效。

在立法过程中，澳门特区政府注重从多个方面引入公众参与，以广泛吸纳居民的意见，强化公众参与世界文化遗产保护及相关工作。例如在2014年下半年启动的不动产类文化遗产的普查工作中，澳门居民可以通过网页、邮寄、电子信箱等多种便捷的方式，向澳门特区政府推荐自己认为具有文化价值的不动产类文化遗产。另外，由政府与居民、社会组织、专家学者及利益相关者共同构建的沟通及意见交流平台，亦在世界文化遗产“澳门历史城区”的保护工作中起到了重要的作用。

立法使得遗产保护工作有章可循，规范了保护程序和管理措施。这不仅提高了遗产保护的效率，也确保了保护工作的科学性和专业性。澳门通过立法保护和管理世界遗产，成功地维护了这些珍贵的历史文化遗产，确保了它们在现代化发展中的可持续性。这不仅为澳门的文化传承和经济发展做出了重要贡献，也为世界文化遗产保护提供了宝贵的经验和借鉴。

文化空间

让『盛世莲花』更加绚丽

海洋文化塑造城市精神

在澳门博物馆有一组对比展览：一边是葡萄牙的卢济塔尼亚武士，另一边是中国的类似兵马俑的石雕；一边是16世纪，欧洲人开启全球航路的大航海时代，另一边是中国的秦汉时期，海上丝绸之路就是在这个时期诞生的，并一直绵延近2000年。

我们常说澳门是海风吹来的城市。大航海时代的风把葡萄牙人的克拉克大帆船吹到这里，大帆船上的压舱石就成为脚下的铺路石。议事亭前地碎石路也是以波浪线为元素，使人感受到海洋的气息与韵律。但是这个海风不仅仅是大航海时代带来的，澳门背靠珠海，靠着强大的祖国，海上丝绸之路的历史给予它深厚的文化底蕴。

海上丝绸之路是始于中国，连接亚洲、欧洲、非洲，沟通太平洋、印度洋、地中海的一条巨型文化线路，以中国香港、澳门、广州、北海、泉州、福州、宁波、扬州、蓬莱、崂山、烟台等对外港口为基点，经南海航线向西可通往南亚、欧洲和非洲，或经东海航线向

澳门博物馆中西方对比展陈（澳门文化局供图）

东通往朝鲜半岛和日本列岛。这些纵横交错的线路和星罗棋布的港口，构成一个巨大的海上交通网络，覆盖了包括中国东南沿海地区、港澳台地区，以及东海、南海、台湾海峡在内的广阔的领土、领海和管辖海域。无论是在中国疆域形成史上、海上交通史上，还是中外交流史上，海上丝绸之路都具有重要的历史地位。

一般认为，海上丝绸之路开创于先秦，形成于秦汉，繁盛于隋唐，鼎盛于宋元，衰落于明清。史实证明，中国的丝绸连同养蚕、缫丝、纺织等生产技术，早在周、秦时期就已经通过海路传播到朝鲜半岛，到汉代，又从朝鲜半岛传到日本。同时，在汉代，丝绸作为商品也已经传播到东南亚和南亚的一些国家。而从考古学上所见的海上丝绸之路可以发现，早在公元前5世纪前后，中国的丝绸就开始流传海外，相关的生产经验和技术也随之传播四方，东经朝鲜半岛至日本；北越阿尔泰山脉至今俄罗斯腹地；西经中亚到西亚，再传至欧洲；西南则输入印度，之后通过海路传遍东南亚；更远则到达非洲、拉丁美洲等地，有力地促进了世界文明和科技的发展。

与陆上丝绸之路不同，海上丝绸之路以对外港口为基点，其发展取决于造船和航海技术的进步。在宋代，陆上丝绸之路曾被西夏政权切断，因此海上丝绸之路的地位进一步提升，在历史上第一次取代了陆上丝绸之路的“统治地位”。特别是宋高宗时期，朝廷下令组建船队、改善港口，在海岸线上每隔一段距离建立灯塔导航设施，中国由此进入海外贸易的黄金时代。

明代永乐皇帝定都北平（今北京）并修建紫禁城，作为全国的行政中心。1405—1433年，明代永乐皇帝和宣德皇帝派遣郑和先后七次率船队远航，航线遍及亚、非30多个国家和地区，最远到达非洲东岸和红海沿岸港口。每到一地，郑和都以中国的丝绸、瓷器等物馈赠当地的国王或换取当地的特产，在稳定与各国的关系的同时，亦带回了各地的特产。

明代时，南海上各藩属国三年或五年一贡，以朝贡名义来华进行朝贡贸易，输入各种香料、紫檀、药材、象牙、犀角等名贵物料，朝廷则赐予瓷器、丝绸等商品给前来朝贡的藩属国。藩属国回航时，将商品转运至印度、土耳其及欧洲、非洲等地。

明正德（1506—1521）年间，欧洲的大航海时代来临，葡萄牙商船最先到达中国沿岸上川岛，再占据舟山六横岛，被赶走后逃往福建，1557年据居澳门，通过海上丝绸之路进行大量贸易与文化交流。西方传教士如利马窦等，在澳门圣保禄学院学习中国文化及语言，再前往北京进入宫廷传教，为皇帝带来西方的自鸣钟、天文仪器、西洋历法、几何原理等，得到皇帝的重视。

清代康熙皇帝更亲自学习西方几何，命造办处在宫廷内制作天文、地理及几何仪器，任用德国传教士汤若望为钦天监，改良中国历法。清乾隆（1736—1795）年间，郎世宁、艾启蒙等传教士经海上丝绸之路到达澳门后再往北京，他们将西方的绘画技法、乐器与奏鸣曲等带入清廷，深受乾隆皇帝重用。中国亦通过海上丝绸之路，大量外销瓷器、茶叶、丝绸及工艺品，在西方掀起了中国风的热潮。

通过海上丝绸之路，明清政府与南海及欧洲诸国互相交流、互相影响，为今天北京故宫博物院留下不少的相关文物。这些文物见证了明清两代海上丝绸之路的发展繁盛，同时也反映出澳门在海上丝绸之路的重要节点地位。在明清时期沟通中外文化与贸易交流中，澳门发挥了巨大的作用。

2017年年初，北京故宫博物院在中国南海博物馆举办了“紫禁城与海上丝绸之路”展览。随后，这个展览又结合“一带一路”国际合作高峰论坛，在北京故宫博物院的午门西雁翅楼展出，均取得了较好的效果。

2019年，为庆祝中华人民共和国成立70周年及澳门回归祖国20周年，澳门艺术博物馆与北京故宫博物院携手举办“星槎万里”大型系

《千里江山图》数字长卷在澳门艺术博物馆展出（新华社供图）

列展览。第一阶段展览“千里江山图3.0”，以数码互动科技展现中国传世名画《千里江山图》，为观众带来一场视觉盛宴。第二阶段展览为“星槎万里——紫禁城与海上丝绸之路”。展览中与海上丝绸之路相关的各类代表性文物，诠释了丝绸之路不仅是往来频繁的商贸之路，更是联系古代中国与世界文明的纽带。这些珍贵的文物展示了古代跨越东西的往来与交流，体现了最高层次的文化致用。

“星槎万里——紫禁城与海上丝绸之路”展览分为“远渡重洋”“西风东渐”“兼容并蓄”三大部分，展出文物近150件，包含瓷器、科学仪器、钟表、生活用品、珐琅器、书画、织物等，种类丰富。这些文物或为明清两代外邦使节、藩属朝臣的贡品，或为西方传教士带来的礼物及在宫中制作的器物书画，或为明清两代宫廷采购、由地方作坊仿制舶来品推陈出新的各式用品，再加上部分澳门艺术博物馆的馆藏精品……这些文物是明清时期宫廷与外部世界交流互动的累累硕果，凸显了澳门作为昔日远东国际贸易中转港的重要角色，呈现了紫禁城与海上丝绸之路诸国文明交相辉映的盛世风华。

自2013年起，澳门科技大学图书馆人员前往世界各地不同的图书馆、档案馆、博物馆等收藏机构收集与澳门相关的古地图，历时四年收集到2000多张。自16世纪以来，澳门是第一个融入全球化体系的中国城市，澳门科技大学图书馆以澳门为线索收集的大量地图，都与中西文化交流有关。

2022年，录制《万里走单骑——遗产里的中国》时，我们参观了澳门科技大学图书馆举办的古地图展，这些地图是特定时期人们的世界观和海洋贸易的缩影。在明代中国人绘制的《天下九边万国人迹路程全图》中，中国地域面积占到90%，同时图中标示有地中海、大西洋、日本等，虽然这幅地图体现的是当时中国的天下观和以中国为中心的认知观，但图中对周边国家大概位置的判断是准确的。在1502年葡萄牙人绘制的《坎提诺世界地图》中，罗经花（海图的罗经指向，形态像一个罗盘）标示了北和东的方向，因为当时开辟新航路就是要向东航行，这个时期的西方地图都会标出东的方向。在1615年葡萄牙人绘制的澳门地图中写着澳门是中国的城市，明确显示了葡萄牙人对澳门的认知。

地图以一种最为直观的方式，体现了人类对世界的观察与认识。

航行的地方和路线都可以通过地图反映出来，特别是人类海洋文明的发展历史，在地图上一览无余。地图绘制得越精细，说明航线越清晰，贸易就越频繁。

《坤舆万国全图》是一幅让中国重新认识世界的中文版世界地图，被历代史家认为是中西文化交流的结晶。《坤舆万国全图》通幅纵192厘米，横380厘米，图面由主图、附图和说明文字构成，内容丰富。主图为椭圆形的世界地图，涵盖五大洲——欧逻巴（欧洲）、利未亚（非洲）、亚细亚（亚洲）、南北亚墨利加（南、北美洲）、墨瓦腊泥加（南极洲），四大洋——大西洋、大东洋（太平洋）、小西洋（印度洋）、冰海（北冰洋），以及赤道、昼长线、昼短线、极圈、南北极等地理信息。各大洋绘有各种帆船共九艘，鲸、鲨、海狮等海生动物共15头，南极大陆上绘有陆上动物共八头，有犀牛、象、狮子、鸵鸟等。

中国传统文化视中国为天下、为海内、为六合，天下之外为四夷，四海之外为诸夷，在《坤舆万国全图》中，中国不再雄踞于世界中心。虽然为了迎合中国人的观念，地图将本初子午线向左移动了170度，使中国居于中心位置，但显然中国与其他国家一样散落在一个圆球上，体现了随着航海的发展，人类全球观也在不断完善。

2013年，中国国家主席习近平首次提出共同建设“丝绸之路经济带”和“21世纪海上丝绸之路”（简称“一带一路”）的构想。这一跨越时空的宏伟构想，从历史深处走来，融通古今、连接中外，顺应和平、发展、合作、共赢的时代潮流，承载着丝绸之路沿途各国发展繁荣的梦想，赋予古老丝绸之路以崭新的时代内涵。随着中国与“一带一路”沿线国家经济文化联系的日益密切，这一创新的大合作模式对重新焕发古老丝绸之路的生机与活力，实现各自民族复兴的伟大梦想，具有划时代的重大意义；同时，也为中国“一带一路”沿线城市的文化遗产保护带来了新的机遇，提出了更高的要求。

“一带一路”建设如同一根彩线，把不同文明的珍珠串在了一起，构筑了一幅人类文明史上的动人图景。“一带一路”这条世界上跨度最长的经济大走廊，发端于中国，贯通中亚、东南亚、南亚、西亚乃至欧洲部分区域，东牵亚太经济圈，西系欧洲经济圈，成为世界上最具发展潜力的经济带，无论是从发展经济、改善民生，还是从应对金融危机、加快转型升级的角度看，沿线各国的前途命运，从未像今天这样紧密相连、休戚与共。伴随丝绸之路的复兴，一幅横贯东西、共谋发展的宏大蓝图正在铺展开来。

澳门，这粒大航海时代种下的种子，拥有2000年丝路史、600年航海纪。在长期接触海洋、利用海洋的实践过程中，澳门居民创造了宝贵的海洋文化财富。现存庙宇中有实物可考的最古老的庙宇——妈阁庙承载着澳门人的海神崇拜；洋船石是澳门贸易“华洋”共建共生的写照；葡萄牙人在圣老楞佐教堂祈祷航海平安；海事博物馆展出各类船只模型、航海用品以及商船运载的物品等，生物还原澳门曾经的海事活动；荔枝碗船厂讲述着澳门造船业昔日的繁荣……

自郑和下西洋起，一代又一代“丝路人”建立了东西方合作的纽带。作为东西方文化交流融会的典型城市，澳门有着浓厚的丝路文化氛围——“和而不同、美美与共”，丰富的海上丝绸之路文化遗产是澳门作为历史上世界贸易枢纽的实质见证。澳门，背靠祖国强大的生丝、茶叶以及海上丝绸之路的贸易传统，与大航海时代葡萄牙人带来的西方文化相遇、相融。在澳门，你可以见到16世纪的庙宇、17世纪的教堂，走进18世纪的民宅，吃到19世纪的美食，深入20世纪修建的市场，亲临21世纪最新潮的秀。海关关口、船厂、码头等海洋元素留下了澳门人与海洋互相哺育的记忆和情感，也塑造了澳门和平合作、交流融合、互利共赢的城市精神，这是澳门独特的城市风貌，也为澳门的发展注入了活力。

2015年，《中华人民共和国澳门特别行政区行政区域图》公布，其明确了澳门陆地与水域界线，首次确认澳门将拥有85平方千米的海域管辖权，使澳门得以重新回归真正意义上的海洋城市。海域管辖权的赋予，为澳门社会经济发展打开了新的空间。未来，澳门将继续延续海上丝绸之路的传统，以独特的文化底色成为“21世纪海上丝绸之路”的桥头堡，助力国家“一带一路”建设和粤港澳大湾区建设，热情拥抱海洋文明，向世界展示澳门的多元魅力。

合作与交流中的文化视廊

在广东珠海横琴岛的最佳地段，有一座环境优美、建筑兼具岭南与欧洲风情的大学城。这就是澳门大学新校区，也被誉为“一国两制”下的横琴奇迹。

在横琴，澳门大学新校园面积扩大了20倍，教学设施得到了更新完善，澳门大学“中药质量研究国家重点实验室”将中医药标准推向美国、欧盟……澳门与内地资源互用，实现了发展的最优解。

澳门大学横琴校区只是澳门与内地合作的缩影。自回归以来，澳门与内地在经济、文化、教育等领域密切交流，取得了显著的成效。在经济方面，回归的20多年，也是澳门经济跨越发展的时期。根据商务部数据，2018年，内地与澳门贸易额达到31.6亿美元，较回归前增长了3.3倍；内地实际使用澳资12.8亿美元，较回归前增长了3.1倍；内地在澳门承包工程完成营业额25.1亿美元，较回归前增长了20.3倍。随着《内地与澳门关于建立更紧密经贸关系的安排》《泛珠三角区域合作框架协议》等国家重大举措的出台，澳门与内地互联互通，站在新的历史高位上。

在人文交流方面，双方更是取得了丰硕成果。由于工作经历，我想从博物馆、遗产保护等方面，让大家更多地感受双方的交流与互动。

澳门艺术博物馆是澳门特别行政区政府文化局辖下最主要的博物馆。自1999年为庆祝澳门回归祖国，北京故宫博物院与澳门艺术博物馆联合举办《盛世风华——北京故宫藏清代康、雍、乾书画器物精品展》开始，澳门艺术博物馆一直与北京故宫博物院保持着密切联系。在澳门特别行政区政府相关部门的有力支持下，在《澳门日报》等社会团体的资助下，定期举办的故宫系列展览已成为面向港澳台地区展示中华文化的视窗，成为澳门艺术博物馆的一个品牌，其影响辐射至东南亚国家。

特别是在两岸关系冷淡的那段时期，北京故宫博物院在澳门艺术博物馆的展览更是深得台湾同胞的青睐。在展览期间，往返两岸的台湾同胞改香港转机为澳门转机，目的就是在澳门停留一天，参观北京故宫博物院的展览。台北故宫博物院的老院长秦孝仪更是微服赴澳门观看展览，并将澳门艺术博物馆出版的故宫博物院展览图录一展一册全部收藏。澳门展览结束后，还有一些台湾的文化人士找到北京故宫博物院，商谈能否将澳门的展览延续至台湾继续展出。

赴澳门展览的每一个主题都是双方策展人共同的智慧结晶。2009年年底，北京故宫博物院在澳门艺术博物馆举办了“九九归一——庆祝澳门回归祖国十周年故宫珍宝展”，反响热烈；2010年年底，在澳门艺术博物馆开幕的“斗色争妍——故宫博物院藏清代御窑瓷器精品展”，是北京故宫博物院第一次在澳门举办的高水平瓷器专项展览，北京故宫博物院第五任院长郑欣淼率代表团出席了开幕式及相关活动；2012年的“君子比德——故宫珍藏清代玉器精品展”，从礼制、宗教生活等层面展现了清代玉文化，使观众对清代宫廷玉器有了重点性的了解；2013年的“清心妙契——中西茶文物特展”，展览展出了故宫及英国国立维多利亚与艾伯特博物馆珍藏的近170件（套）与茶相关文物，反映了中国茶“东饮西渐”，向外辐射的巨大能量，在澳门民众中掀起了茶文化热潮；2014年的“朱艳增华——故宫珍藏清乾隆漆器珍品展”，全方位地展现了清代乾隆时期的各类漆器珍品；

朱艳增华——故宫珍藏清乾隆漆器珍品展（新华社供图）

2015年的“太乙嵯峨——紫禁城建筑艺术特展”，体现了中国古代建筑的文化内涵与艺术特点，让澳门观众体会到了中华五千年建筑文化的丰厚积淀；2016年的“平安春信——故宫珍藏花器精品展”，展现了中华插花艺术历史的源远流长；2017年的“大阅风仪——故宫珍藏皇家武备精品展”，展品共163件（套），首次将清宫武备仪仗类文物展现在澳门观众面前。

同时，自2004年起，北京故宫博物院与上海博物馆联合在澳门艺术博物馆先后举办以明清时期书画为主题的系列展览，包括：2004年“至人无法——故宫、上博珍藏八大、石涛书画精品展”，2005年“南宗北斗——董其昌诞生四百五十周年书画特展”，2006年“乾坤清气——故宫、上博珍藏青藤白阳书画特展”，2011年“山水正宗——故宫、上博珍藏王时敏、王原祁及娄东派绘画精品展”，2013年“山水清晖——故宫、上博珍藏王鉴、王翚及虞山派绘画精品展”，2014年的“梅景秘色——故宫、上博珍藏吴湖帆书画鉴赏精品展”，等等。这一系列书画展览，旨在梳理明清时期书画名家和各大流派的渊源、发展，希望为中国艺术史的研究提供更系统化的素材。展览在学术界引起极大反响，广受海内外艺术爱好者的欢迎。每次展览，都吸引逾万名游客及市民参观，甚至许多人是专程赴澳门参观展览。

在学术交流方面，自2004年至今，澳门艺术博物馆举办了数次学术研讨会，每次皆邀请北京故宫博物院和上海博物馆的专家学者参加。明清时期书画专题展览及研讨会均获得国际学术界的肯定，得到来自海峡两岸和中国香港地区、中国澳门地区，甚至日本、美国的专家学者的支持，其中台北故宫博物院的专家连续多年参与研讨会，两岸故宫的学者以此为平台展开了深入的学术交流。2006年，应澳门艺术博物馆的邀请，北京故宫博物院在澳门艺术博物馆一层开办了故宫博物院在境外的第一家故宫商店，常年销售北京故宫博物院的文化衍生产品。由此，双方的合作扩展到展览、人员交流以外的文化创意产品销售领域。

持续不断的展览交流，带动了双方的人员往来。每一次展览，北京故宫博物院都有一些同事赴澳门参加开闭幕式、研讨会及布撤展工作等。访问人数之多、涉及部门之广、交流内容之丰富，均为北京故宫博物院之最。澳门艺术博物馆的展览策划方式、宣传教育手段、博物馆管理方法等在潜移默化地影响着北京故宫博物院一些部门的工作。澳门艺术博物馆的同仁也经常利用策展的机会来到北京故宫博物院，与业务人员进行交流和切磋。两馆的人员在学术交流、宣传教育、展览陈列方面保持着深层次、高密度的沟通，在多年的合作中建立了深厚的友谊。

北京故宫博物院承载着中华五千年文化的积淀，保管着180多万件（套）珍贵的中华精品文物，有着数量庞大的文化资源。澳门的文物博物馆机构有着较强的博物馆管理体制和运作机制。双方的合作，无论是对于文物博物馆机构本身，还是对于广大公众来说，都是实实在在的大好事。特别值得一提的是，通过多年的合作，澳门文化局与北京故宫博物院的展览合作已经形成固定的交流机制。在内地赴澳门举办展览的同时，澳门也有不少文物精品展来内地展出。例如，2022年北京故宫博物院与澳门特别行政区政府文化局合办的“阅世遗情——澳门艺术博物馆藏濠江风物建筑绘画展”在北京故宫博物院举办。本次展览精选82件澳门艺术博物馆藏品，集中展示了澳门及外地画家于18世纪至21世纪以澳门风貌为题创作的绘画作品，呈现了澳门世界文化遗产的建筑精髓及文化内涵。在一次次的文化互动中，民众感受到一脉相承的文明、地区特色魅力，增加了深层次探索的欲望，有利于中华优秀传统文化世代传承下去。

当然，澳门和内地的合作不仅局限于展览交流，在文物藏品的保管、保护以及文物保护技术等方面的合作研究，在展览策划、宣传教

澳门民政总署与北京故宫博物院战略合作意向书签署仪式

育、藏品研究、文化产品推广、观众服务、信息技术、安全保卫、文化活动、管理、出版等方面的交流等，都一直持续进行着。

2008年以来，教科文组织世界遗产委员会对“澳门历史城区”实施了反应性监测。澳门特区政府高度重视此项工作，配合世界遗产中心及国际古迹遗址理事会，在国家文物局的支持下，开展了对“澳门历史城区”的反应性监测评估；邀请国内世界文化遗产保护领域的资深专家，为“澳门历史城区”的保护提供专业咨询；认真按照世界遗产委员会的决议，对“澳门历史城区”的突出普遍价值进行深入的研究，并研究制定“澳门历史城区”保护管理的规划。双方在遗产保护方面的经验分享、合作交流，为进一步拓展文化遗产保护范围、整体提升保护能力奠定了基础。

2011年12月，我有幸代表国家文物局与澳门社会文化司签署了《关于深化文化遗产领域交流与合作的谅解备忘录》。备忘录签署后，双方成立了工作组，每年定期举行工作组会议，评估和商讨展览交流、世界文化遗产地监测和管理、文化遗产保护、专业人员培训、打击文物走私等领域的合作情况和工作计划，双方的交流进入了机制化和常态化的新阶段。2013年7月，我又有幸代表北京故宫博物院与澳门民政总署签署了战略合作意向书。通过持续举办文物展览，将中华文化的精髓以文物史料的形式展现给澳门民众，让澳门同胞更深入地了解中华民族的历史文化，更好地了解祖国的发展历程。

新起点，新机遇

澳门本来是广东省沿海的一个传统渔村，地域狭小、山丘林立、海水环围。澳门半岛最初面积不到2平方千米，氹仔岛初始面积为2.57平方千米。据记载，1912年，澳门陆地面积仅有11.6平方千米。

1850年，三巴仔横街及下环街之间的一块地方填海成为陆地；1863年，南湾附近的部分海湾填海造陆。2009年，经国务院批准，澳门填海造陆，建设澳门新城区，新城区面积为3.6平方千米，可容纳十几万人口生产生活，能够满足澳门未来20年的发展需要。从1912年的11.6平方千米，到如今的约33平方千米，澳门接近70%的面积都是填海造陆而成，这个比例在世界范围内屈指可数。

澳门回归祖国后，由于国家不断给予澳门相关特殊政策，加之旅游博彩业和相关行业的快速发展，澳门经济进入超快增长的历史时期。2003年，中央政府与澳门特区政府共同签署《内地与澳门关于建立更紧密经贸关系的安排》，规定澳门制造的产品进入中国内地免关税。2013年，中国国家主席习近平首次提出共同建设“一带一路”的倡议，而澳门正是海上丝绸之路的重要节点之一，可以促进“一带一路”国家间的理解与合作，助力倡议的持续推进和深化。

2017年，粤港澳大湾区城市群发展规划提出。此前，世界上有三个大湾区城市建设，分别是纽约、旧金山和东京湾区。相比这三个大湾区，粤港澳大湾区面积更大、人口更多、发展更快。粤港澳大湾区由广东珠三角九市以及香港、澳门两个特别行政区组成，涉及陆地面积约5.6万平方千米，人口数量8000多万。粤港澳大湾区的GDP总量与纽约湾区和东京湾区相当，是旧金山湾区的两倍多。纽约、旧金山、东京湾区都是以先进制造业作为支撑，而粤港澳制造业占GDP的比重远大于其他三个湾区。另外，粤港澳大湾区拥有更加齐全的制造业门类，包含电子信息、装备制造、汽车、新能源、新材料、生物医药、石化、钢铁、海洋工程、高端消费品等，未来发展潜能无限。

横琴地处珠海南端，与澳门一水一桥之隔，具有粤澳合作的先天优势，是促进澳门经济适度多元发展的重要平台。2009年，为给澳门产业多元发展创造条件，中共中央、国务院决定建设横琴新区。这是

位于横琴粤澳深度合作区的横琴口岸（新华社供图）

深入实施《粤港澳大湾区发展规划纲要》的重点举措，是丰富“一国两制”实践的重大部署，将为澳门的长远发展注入发展动力。2021年，中共中央、国务院印发《横琴粤澳深度合作区建设总体方案》，横琴粤澳深度合作区总面积约106平方千米，以促进澳门经济适度多元发展的新平台、便利澳门居民生活就业的新空间、丰富“一国两制”实践的新示范、推动粤港澳大湾区建设的新高地为战略定位，支持澳门发展集成电路、电子元器件、新材料、新能源等科技研发和高端制造产业，支持澳门发展中医药、文旅会展商贸、现代金融产业等品牌产业；

促进公共服务和社会保障体系高效运转，推进琴澳居民幼有善育、学有优教、病有良医、老有颐养、住有宜居的生动愿景不断向前。

自1999年回归以来，在“一国两制”“澳人治澳”、高度自治的方针治理下，经过20多年的发展，澳门的经济和民生都发生了翻天覆地的变化，成为东方大地上一颗耀眼的明珠。国家对澳门的未来发展寄予了极大的期望，一系列新的专项规划使澳门正站在一个新的历史起点上。作为全球最具特色的大都市圈的成员之一，澳门以其独有的魅力和优势跻身区域及国际舞台，具有难得的发展机遇和美好的前景。

今天，澳门仍然保持着世界上最开放的经济体系，这一城市特色应长久保持，并不断完善。澳门位于珠江口湾区的最南端，它的发展从来没有独立存在于湾区之外。经过几十年发展历程之后，珠三角的资源配置处于新一轮的重组和整合状态中，将以“科学发展、先行先试”“区域经济一体化”等发展理念和思路，应对新的世界经济环境和地区可持续发展愿景。以“世界旅游休闲中心”为目标的澳门，与香港和湾区城市群之间的关系较过去更加紧密，基础设施一体化和利益共同化，使澳门面临着新的区域角色选择。如何化被动优势为主动优势，在区域尺度看待澳门的设施、人口和承载力问题，由“弹丸之地”走向“广阔天地”，澳门需要不断开拓发展思维和发展视野。

从世界文化遗产保护的角度分析，“澳门历史城区”需要稳步实施有机疏散，主要是疏散附加在澳门半岛的过度功能。中国建筑学家梁思成先生提出的“跳出老城，建设新城”的思想，对于“澳门历史城区”保护来说也是有效的规划策略。澳门包括澳门半岛和氹仔、路环两个离岛。路环岛位于澳门最南端，毗邻南海，沿岸海水较深，岛屿东部沿海建有九澳深水港码头，南部面向海洋，海岬和海滩相间，著名的海湾有黑沙湾与竹湾等，是澳门南部的滨海旅游地。路环岛远离澳门半岛，保持原有自然风光，与喧嚣嘈杂的澳门半岛都市区形成反差，是澳门理想的休闲度假胜地。氹仔岛位于澳门半岛与路环岛之间，西部紧邻珠海市，北部有友谊大桥（新澳氹大桥）、西湾大桥、澳氹大桥与澳门半岛相连；西部有莲花大桥与珠海市相通。氹仔岛曾是四面环海的岛屿，伴随澳门的经济建设和发展，岛屿与路环岛之间实施围填海工程形成陆域环境，建设路氹新城。从高空俯瞰路氹新城，尽显“城在海上，海在城中”的澳门独特韵味。

路氹新城的规划是建成一个综合的休闲度假胜地，包括酒店、度假、博彩、体育、教育、生态保育及配套设施等。拉斯维加斯有拉斯维加斯大道，澳门有金光大道。路氹金光大道项目由八家堪称世界品牌的酒店企业联合实施，借助氹仔和路环两个离岛之间的连贯公路与填海区，全部建成后将包括约20家大型现代化酒店，提供约6万间客房。路氹新城的建设，不但为澳门建设世界旅游休闲中心提供重要的支撑，而且将有效疏散澳门半岛的建设压力。

目前，列入《世界遗产名录》的项目集中在澳门半岛，但是在氹仔岛和路环岛上也留存有丰富的文化遗产资源。在氹仔岛，氹仔历史街区以市场、教堂、传统民居和博物馆为主要节点，形成以展示澳门传统生活面貌为主的步行街区。根据街区空间尺度和建筑风貌，可

路氹新城（新华社供图）

以将氹仔历史街区视为最能体现澳门离岛传统特色的适于步行的整体空间，争取实现一些重要游览线路的完全步行化。在路环岛，在维护路环历史街区现有步行街道格局的基础上，还应不断拓展步行区域，与两侧的建筑修缮、维护、功能活化同步推进。同时，对于路环岛来说，应重点保护文化遗产及其与自然环境所构成的整体空间关系，保护路环村建筑的宜人尺度及其与自然环境的协调关系。

如今，澳门正在努力发展旅游、休闲、会展、中医药、文化创意等产业，朝着经济多元化的目标努力迈进。而澳门和珠海一体化，不仅可以扩大总体布局，还可以实现资源的统筹优化利用。港珠澳延长线、广珠城际线、广珠铁路、沿海铁路、太澳高速、港珠澳新口岸等基础设施建设不断完善，特别是2018年，港珠澳大桥建成通车后，澳门、珠海与香港之间通过陆路连为一体，人流、物流输送能力大为提升。

未来几年将是澳门城市协调发展的关键时期，澳门需要一个具有战略意义的综合性发展规划。将澳门打造成“世界旅游休闲中心”，需要将目光先期投向世界，使澳门由易货港、制造业基地、博彩之城，向更加多元、鲜明的世界城市角色发展。相比其他国家一些独立奋斗的城市，澳门最突出的是区域优势。澳门所具有的城市功能是中国和东南亚地区罕见的特色功能，特殊性在于它的文化历史积淀和社会经济的辐射能力。土地资源短缺是澳门可持续发展的最大问题，因此澳门需要善用区域资源，做好珠三角连接世界的桥梁，在“一带一路”的行列中发挥积极作用，这是澳门实现世界梦想的必由之路。

今天，人们对文化遗产事业的期望越来越高，从最初动员国际社会保护那些日渐消失的具有全球突出普遍价值的文化遗产，到通过文化遗产事业去发掘和增进人类的相互交流与融合，保护共同的文明，实现全人类的和平、合作与发展，应运而生的“文化线路”类世界文化遗产受到普遍的推崇和鼓励。

早在2006年，国家文物局就曾将海上丝绸之路列入世界文化遗产预备名单。目前，“海上丝绸之路保护和联合申报世界文化遗产城市联盟”的城市已有30多个，泉州、宁波、北海、福州、广州、蓬莱等城市的众多文化遗产项目名列其中。在海上丝绸之路申报世界文化遗产方面，不能缺少澳门的应有地位和独特作用。澳门特区政府在进一步做好“澳门历史城区”的反应性监测和保护管理工作的同时，应进一步加强同内地世界文化遗产及其他文化遗产保护管理机构的交流，介绍和推广“澳门历史城区”保护管理的先进经验和做法，为整体提高中国世界文化遗产保护管理水平做出积极的贡献。

2024年，澳门迎来回归祖国25周年、“澳门历史城区”申遗成功19年。在这段时间里，澳门的社会经济发展和世界文化遗产保护取得了举世瞩目的成果。时光还将流逝，历史还将延续。今天，澳门正处于新的历史起点上。相信在中共中央、国务院的正确领导下，在澳门特区政府和澳门各界人士的共同努力下，澳门一定能够开创更加美好的明天，澳门文化城市建设也会越走越稳、越走越好。